DESCRIPTIONS *DES ARTS* ET MÉTIERS.

DESCRIPTIONS
DES ARTS
ET MÉTIERS,

FAITES OU APPROUVÉES

PAR MESSIEURS

DE L'ACADÉMIE ROYALE DES SCIENCES.

Avec Figures en Taille-douce.

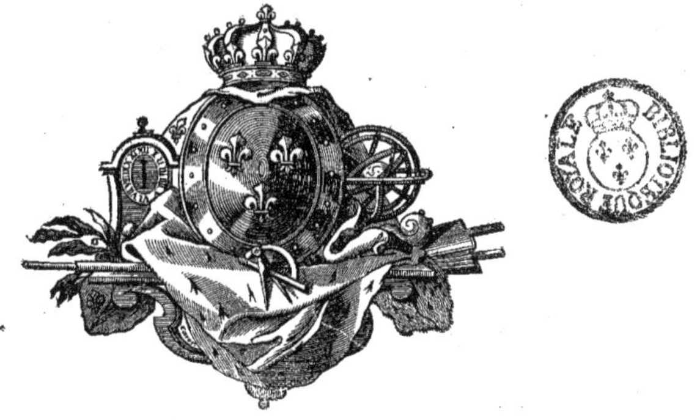

A PARIS,

Chez { SAILLANT & NYON, rue S. Jean de Beauvais; DESAINT, rue du Foin Saint Jacques.

M. DCC. LXI.

Avec Approbation & Privilége du Roi.

L'ART DE FAIRE LES PIPES A FUMER LE TABAC.

Par M. DUHAMEL DU MONCEAU, de l'Académie Royale des Sciences.

M. DCC. LXXI.

L'ART DE FAIRE LES PIPES A FUMER LE TABAC.

Par M. Duhamel du Monceau, de l'Académie Royale des Sciences (*).

L'usage d'aſpirer la fumée de quelque plante eſt fort ancien, & généralement établi, non-ſeulement chez les Peuples policés, mais même parmi les Nations ſauvages. Nous avons dans nos Cabinets des Pipes, des Calumets induſtrieuſement travaillés par ces peuples, chez qui aſſurément les autres Arts ne ſont pas en honneur, & on nous en apporte de très-belles de la Chine, de la Perſe, du Mogol, &c.

Les Médecins ont recommandé l'uſage de la fumée du tabac ou de différents aromates pour guérir certaines maladies; & les gens déſœuvrés de tous états, trouvent dans l'uſage de la fumée, un moyen de diſſiper leur ennui. La fumée du tabac, le thé, le café, le punch, ſervent chez les Peuples policés, à remplir les vuides de la converſation ou à donner le temps de la réflexion lorſqu'il s'agit de diſcuter des affaires ſérieuſes. L'uſage de fumer ayant paſſé en habitude chez des perſonnes aiſées, on a rafiné ſur le choix du

(*) Je n'ai trouvé aucun Mémoire dans le dépôt de l'Académie, ſur la façon de faire les Pipes; j'en avois bien vu faire autrefois aux environs de Rouen & à Chicheſter en Angleterre; mais les notes que j'avois conſervées étoient fort ſuccintes, & pluſieurs détails m'étoient échappés de la mémoire; de ſorte que ce qui m'étoit reſté de plus utile, étoit la diſpoſition des Fourneaux. Heureuſement M. Dubois, Ingénieur des Ponts & Chauſſées de Rouen, a bien voulu venir à mon ſecours; il m'a remis des plans très-exacts du petit fourneau dont on ſe ſert auprès de Rouen, du moule & de la preſſe, avec des Mémoires très-circonſtanciés, qui m'ont mis à portée de me rappeller des détails que je n'avois pas vus depuis long-temps; ils me mettent en état de publier la façon de faire les Pipes en Normandie. Mais on ſait que les Pipes qu'on fait en Hollande l'emportent ſur toutes celles des autres pays pour la blancheur, le poli & le fini.

M. Rigault, Chymiſte de la Marine, qui réſide à Calais, ayant à portée de lui les Fabriques de Pipes de Dunkerque & de Saint-Omer, a bien voulu me faire part des recherches qu'il avoit faites ſur la terre propre à faire des Pipes, & ſur la préparation qu'on lui donne.

M. Allamand, célèbre Profeſſeur de Phyſique en l'Univerſité de Leyde, a bien voulu me détailler les manœuvres qui ſont en uſage dans les grandes Fabriques de Hollande, & avec ces ſecours, j'eſpere que le Public recevra avec plaiſir la deſcription d'un petit Art qui offre des choſes bien dignes d'attention. Je trouve une vraie ſatisfaction à faire connoître au Public l'obligation que j'ai à M. Allamand, à M. Dubois & à M. Rigault.

tabac, sur la façon de fumer. Les uns pour éviter la chaleur de la fumée qui leur échauffoit la bouche, l'ont fait passer par des tuyaux fort longs, tantôt de bois, tantôt de métal & quelquefois de cuir. D'autres ont même voulu, pour la rendre plus douce, qu'elle passât au travers de l'eau. Les gens du peuple, qui ayant presque toute la journée la Pipe à la bouche, sont en quelque façon blasés par un usage continuel de la fumée, cherchent cette âcreté qui déplaît aux autres, & fument avec des Pipes dont le tuyau est fort court.

Il y auroit matiere à une longue dissertation, si j'entreprenois de décrire toutes les formes qu'on a données aux Pipes, & toutes les façons de fumer; mais ce n'est pas mon objet. Je me borne à expliquer la maniere de faire les Pipes qui sont d'un plus grand usage en Europe; je ne parlerai pas même de ces Pipes très-communes, dont le fourneau est de terre grise, auquel on ajoute un tuyau de bois, non plus que des Pipes de métal; il ne s'agit pour le présent que des Pipes de terre blanche, connues sous le nom de *Pipes de Hollande* : elles ont l'avantage d'être légeres, propres à résister long-temps à l'action du feu, & d'être d'un prix modique; cependant comme elles sont fragiles, les gens du commun leur préferent les Pipes de métal ou celles de terre grossiere, auxquelles ils ajustent un tuyau de bois ou de cuir, au moyen de quoi ils peuvent les mettre dans leur poche sans crainte de les casser. Ces Pipes communes n'empêchent pas qu'il ne se fasse une consommation considérable de Pipes blanches, & leur Fabrique occupent un grand nombre d'Ouvriers en France, en Angleterre, & sur-tout en Hollande. C'est la façon de faire ces Pipes que je me propose de décrire avec exactitude; & on peut dire qu'entre les ouvrages de terre cuite, si l'on en excepte la Porcelaine, il y en a peu qui méritent plus d'attention que les Pipes. Mais avant que d'entrer en matiere, je vais rapporter ce que M. Rigault m'a écrit sur les différentes especes de Pipes de ce genre, qui sont venues à sa connoissance.

Des différences que M. Rigault a remarquées dans les especes de Pipes qui sont tombées entre ses mains.

Il m'a paru que l'on pouvoit en général distinguer les Pipes, en Pipes à talon & en Pipes sans talon, connues sous le nom de *Cajottes* ou *Cachottes*; que les unes & les autres pouvoient aussi se distinguer en gravées & en unies; que les Pipes à talon pouvoient être divisées en longues, moyennes ou demi-longues, & en courtes; que ces trois especes, relativement à la grosseur des têtes, pouvoient encore se distinguer en grosses, en moyennes & en petites: que ces mêmes Pipes à talon, relativement à l'inclinaison des têtes sur les queues, pouvoient encore se distinguer en croches, dont l'axe des têtes fait angle droit avec les queues; & en demi-croches, dont l'inclinaison des têtes tient le milieu entre celle des croches & celle des Pipes ordinaires; que par rapport à la longueur des têtes, on divisoit encore les Pipes courtes à talon grosses ou petites, en ginguettes gravées & en ginguettes unies; & qu'enfin, relativement à la forme des talons & à la coupe supérieure de la tête, on pouvoit encore distinguer les Pipes à talon en Pipes à talon ordinaire, dont j'ai parlé plus haut, & en Angloises, ou de façon Angloise qui ont le talon pointu.

Pour que l'on soit à portée de remarquer ces différences, & pour éviter la description de chaque espece de Pipe ou de chaque moule en particulier, j'ai indiqué par des cotes leur véritable grandeur. On observera que les queues des longues Pipes n'ayant pu être tracées dans leur véritable longueur, j'ai eu l'attention de noter celle qu'elles ont ordinairement. On remarquera encore que les queues des Pipes provenant des Manufactures de Hollande, de quelque espece qu'elles soient, sont pour l'ordinaire d'un pouce plus longues que celles des Pipes que l'on fabrique en France, où il paroît que l'on s'est appliqué à imiter les Pipes de Hollande, comme étant les plus belles & les plus parfaites de celles que l'on connoît.

La *Figure* 1, *Pl.* 1, représente la coupe d'une Pipe ancienne trouvée dans des terres de jardins qui n'avoient pas été remuées depuis long-temps. Sa longueur est de 9 pouces.

La *Figure* 2 est celle d'une Pipe longue gravée à talon, ayant les armes du Roi gravées à la tête, & quelques attributs de la Manufacture de Dunkerque, où elle a été fabriquée. Cette sorte de Pipe se débite dans la Flandre maritime, & la grosse qui est de douze douzaines ou 144, se vend 6 liv. 10 s. prise à la Manufacture. La longueur de la queue est de 21 pouces, la longueur de la tête 24 lignes, le diametre 10 lignes.

Les *Figures* 3 & 4, sont celles des Pipes longues ordinaires à talon & unies. La premiere est fabriquée à Dunkerque, & l'autre en Hollande: elles se vendent 5 liv. la grosse. Elles sont d'usage dans toute la France. Par rapport à la grosseur des têtes, on les distingue en grosses, moyennes, & petites. La longueur de la queue a 21 à 22 pouces.

Les Pipes représentées par les *Figures* 5, 6 & 7, sont des moyennes ou demi-longues. La premiere est fabriquée à Dunkerque, & les deux autres en Hollande. Elles sont d'usage dans toute la France, & elles se vendent 3 liv. 10 s. la grosse. On les distingue aussi en grosses, en moyennes & en petites. La longueur de leur queue est de 18 à 19 pouces.

Les Pipes des *Figures* 11, 12, 13, 14 & 15, sont celles des courtes gravées & unies, grosses, moyennes & petites, fabriquées à Dunkerque & en Hollande. Il s'en consomme dans beaucoup de Provinces du Royaume; mais celle de la *Fig.* 15, qui se nomme *courte à petit talon*, se débite principalement à Paris. Elles se vendent 40 s. la grosse. La longueur de leur queue est de 8 à 9 pouces.

Les *Figures* 8, 9 & 10, sont celles des longues croches & longues demi-croches fabriquées à Dunkerque & en Hollande. Les queues ont 18 à 19 pouces de longueur.

La *Figure* 16 eſt celle d'une courte croche, appellée auſſi *crochette* à la Manufacture de Dunkerque, où elle eſt fabriquée. Sa queue a 8 pouces ou 8 pouces & demi de longueur.

Cette eſpece de Pipe ſe diſtingue comme les autres en groſſes, en moyennes & en petites. Elles ſe conſomment dans tout le Royaume ; mais on tranſporte une très-grande quantité de longues croches & demi-croches à la côte de Guinée, pour la traite des Negres. Elles ſe vendent 5 à 5 liv. 10 ſ. la groſſe, & les courtes 40 ſ.

Les *Figures* 17 & 18 repréſentent des Pipes ginguettes gravées & unies, fabriquées à Dunkerque. Elles portent le nom de *ginguettes*, parce que les têtes étant petites, elles contiennent peu de tabac. On en fait paſſer de grandes quantités à Paris, en Bretagne, & dans les autres Provinces du Royaume, où le tabac eſt cher. Elles ſe vendent 40 ſ. la groſſe. La longueur de leur queue eſt de 8 à 9 pouces.

Les Pipes repréſentées par les *Figures* 19, 20, 21, 22, 23, 24, 25, 26 & 27, ſont Angloiſes ou de façon Angloiſe, fabriquées en Angleterre, en Hollande & en France. Ces Pipes différent entr'elles par la longueur des queues & par la groſſeur des têtes ; mais le caractere par lequel on les diſtingue des autres eſpeces, c'eſt qu'elles n'ont ordinairement aucune marque à la queue, les talons ſont à la plupart preſque terminés en pointe, & la coupe ſupérieure de la tête eſt parallele aux queues, l'axe de la tête ayant ſur la queue la même inclinaiſon que l'on remarque aux Pipes ordinaires à talon. On obſervera que celle appellée double W, *Fig.* 19, n'a pas tout-à-fait ces caracteres ; c'eſt une eſpece de Pipe particuliere Hollandoiſe, que l'on m'a aſſuré devoir être placée parmi les Angloiſes. Toutes ces Pipes ſe débitent en France, & elles s'y vendent 1 liv. 10 ſ. la groſſe : la longueur des queues varie depuis 10 pouces juſqu'à 13.

Les *Figures* 28, 29, 30 & 31, ſont celles des Pipes ſans talon, appellées *cajottes* ou *cachottes*. Ces Pipes ſont appellées ainſi, parce que n'ayant point de talons, les payſans les mettent plus facilement, ſans étui, dans les poches longues des culottes. Elles ſe débitent dans la Flandre & dans l'Artois ; les gravées ſe vendent 45 ſ. la groſſe, & celles qui ſont unies 35 ſ.

La *Figure* 32 eſt celle d'une eſpece de Pipe particuliere à la Manufacture de Saint-Omer, à laquelle on a donné le nom de *falbala* : elle ne ſort point du pays d'Artois.

N'ayant point égard aux petites différences dont nous venons de parler, les Pipes ſont de longs tuyaux de terre cuite très-fine & très-blanche ; à l'un des bouts de ce tuyau qui eſt recourbé, on pratique un évaſement dans lequel le tabac brûle : on l'appelle *le fourneau* ou *la tête de la Pipe*. Ce fourneau a un peu la forme d'un conoïde renverſé, & on pratique à la pointe un petit appendice de terre, qu'on nomme *le talon* : quelques-unes, qu'on nomme *cachottes*, n'en ont point.

On

On allume le tabac dans le fourneau, & on en aspire la fumée en suçant l'extrémité du tuyau.

Il se fait des Pipes de différentes terres & de différentes formes, les unes courtes, les autres longues; il y en a d'unies, les autres sont façonnées. Nous en avons amplement parlé plus haut, d'après M. Rigault.

On en fait en France, en Angleterre, & sur-tout en Hollande, où elles sont plus parfaites qu'ailleurs.

Des Terres dont on fait les Pipes.

CHAQUE ouvrier qui travaille à faire des Pipes, essaie de se procurer dans ses environs de la terre propre à cet ouvrage. Il s'en trouve à Fossay, à Gournay, à la Belliére, & plusieurs autres endroits aux environs de Forges, dans le pays de Bray. Mais pour les Pipes qu'on fait à Rouen ou aux environs, on tire la terre de Saint-Aubin & de Bellebœuf, au bord de la riviere de Seine, à deux lieues au-dessus de Rouen. Il y a lieu de croire qu'il s'en trouveroit encore en plusieurs autres endroits.

La terre à Pipe qui vient de Saint-Aubin & de Bellebœuf, se tire de mines profondes de 14 à 15 brasses, où l'on pratique des chambres de 18 à 20 pieds de diametre, & l'on en tireroit beaucoup plus de terre, si l'eau n'empêchoit pas les ouvriers d'y fouiller à une certaine profondeur. Lorsqu'on est obligé d'abandonner une mine, on en ouvre une autre à une petite distance, & on y trouve aussi abondamment de la terre à Pipe. La terre qui vient du Pays de Bray, se tire à ciel ouvert sans aucun danger & avec beaucoup moins de peine. Les Ouvriers se contentent de faire une tranchée de cinq à six pieds de profondeur qu'ils poussent devant eux.

Il paroît que dans le Pays de Bray, où l'on tire de cette terre sur la surface du terrein, la qualité du terroir tire, généralement parlant, sur une glaise extrêmement arrosée & imbibée d'eau.

A l'égard des mines de Saint-Aubin & de Bellebœuf, on trouve au fond la même qualité de terre que dans le Pays de Bray; mais sur la surface extérieure du terrein, il n'y a aucune marque apparente qui puisse indiquer sûrement que l'on trouvera, en creusant dans un endroit plutôt que dans un autre, de cette terre à Pipe.

La terre du Pays de Bray passe pour la meilleure; elle coûte sur le lieu 6 à 7 liv. d'achat, la quantité de ce qu'en peut contenir un muid, & 7 à 8 liv. de voiture du Pays de Bray à Rouen, ce qui fait en tout de 13 à 15 liv.

Sous le regne de Louis XIV, on fit défense de transporter hors du Royaume de ces sortes de terre; mais comme ces prohibitions ne regardoient proprement que la terre du pays de Bray, elles n'ont pas empêché l'enlévement de celles de Saint-Aubin & de Bellebœuf, qui ont beaucoup augmenté de prix par la quantité considérable que les Etrangers & les François en ont enlevée.

Comme on exige que les Pipes ſoient blanches, il faut que l'argile qu'on emploie ne contienne point de fer qui rougiroit à la cuiſſon. Au reſte, c'eſt la fineſſe de la terre qui en fait le principal mérite; elle ne doit contenir ni ſable ni pyrite, & on n'eſt certain de ſa vraie qualité, que quand on en a fait quelques fourneaux, principalement pour s'aſſurer ſi elle blanchit à la cuiſſon; car la couleur n'eſt pas exactement la même, il s'en trouve d'un peu griſe, de cendrée, de blanche, de couleur de ſavon, qui ſont également bonnes.

Entre les terres qui ſe tirent des mines, celle des couches les plus profondes eſt la plus fine & la meilleure; mais elle a beſoin de plus de feu pour être bien cuite. Cependant on fait uſage des couches ſupérieures pour d'autres ouvrages.

La premiere terre qui ſe tire de ces mines, eſt deſtinée pour les Potiers.

La ſeconde, pour les Fayanciers.

Enfin, la troiſieme qui eſt la plus fine, eſt pour les Pipes, & à quelque profondeur qu'on la tire, elle doit être pure & exempte de ſable.

On deſtine encore pour les Fayanciers la terre qui ſe trouve trop graſſe, quoiqu'elle ſoit fine, parce qu'elle pourroit ſe fendre dans le fourneau, & ne pas conſerver la forme des moules à Pipes.

Les Ouvriers de Rouen prétendent, peut-être avec raiſon, qu'ils en peuvent faire d'auſſi belles qu'en Hollande; mais il eſt certain que communément celles qu'ils font, paroiſſent beaucoup moins belles, au moins le coup d'œil eſt favorable à celles de Hollande. Cependant on en fait à Rouen de trois ſortes, de fort communes, de plus parfaites, & quelques-unes très-fines qui approchent de celles de Hollande: mais les Pipes de Hollande ont toujours la préférence, quoiqu'elles ſoient un peu plus cheres que celles de Normandie.

Les Pipes de Hollande viennent la plupart de Leyde, Fleſſingue & Roterdam; il y avoit auſſi à Amſterdam une femme qui avoit la réputation de les faire fort belles.

M. Allamand m'a écrit que la Fabrique des Pipes en Hollande paroît être affectée à la ville de Gouda, quoiqu'on en faſſe ailleurs, mais en petite quantité & de beaucoup moins belles. On compte dans cette ville plus de 280 Maîtres Fabricants de Pipes, dont quelques-uns occupent 60 à 70 Ouvriers.

Ces Pipes coûtent ſur les lieux 16 ſ. argent de Hollande; & avec tous les autres frais, elles reviennent en France à environ 36 ſ. la groſſe compoſée de douze douzaines, ce qui eſt un peu plus que celui des plus fines Pipes de France.

Ceux qui ſont grands fumeurs, prétendent que les Pipes de Hollande ont un petit défaut que n'ont point celles de France, qui eſt de s'engraiſſer. Ce n'eſt pas un défaut pour les gens de condition qui en changent fréquemment; d'ailleurs nous dirons dans la ſuite comment on peut leur rendre leur blancheur. A l'égard des matelots, ainſi que des autres perſonnes du bas peuple, ils ſe plaiſent à ſe ſervir de Pipes enfumées. Cette qualité des Pipes Hollandoiſes provient, dit-on, de ce que la terre, dont les Hollandois font leurs Pipes, est poreuse; j'ai des raisons d'en douter. On dit qu'ils tirent de proche Anvers de la terre à Pipes, & qu'ils l'estiment tellement, que dans les temps de guerre où ils ne pouvoient pas en enlever à cause qu'Anvers étoit entre nos mains, malgré toutes les interdictions de commerce entre la France & l'Espagne, ils obtinrent des Etats Généraux la permission de solliciter des passe-ports pour en faire venir.

Mais M. Allamand m'écrit que la terre que les Hollandois emploient pour faire des Pipes, est une argille fine & grasse qu'ils font venir des environs de Cologne & du pays de Liége. Cette derniere qu'on estime la meilleure, se trouve à 12 ou 15 pieds de profondeur en terre : on la fait sécher sur les lieux, & on l'envoye en Hollande dans des tonneaux qui en contiennent 460 livres : elle se vend ordinairement 5 florins. Il y a à Gouda des Marchands qui en fournissent aux Fabricants.

Avant de parler des préparations qu'on donne aux terres qu'on destine à faire des Pipes, je vais rapporter des Expériences que M. Rigault, Physicien de la Marine, a faites pour mieux connoître la vraie nature de ces terres.

Expériences sur les Terres à Pipes, par M. Rigault.

Quelques Minéralogistes ayant rangé les terres à Pipes dans la classe des Marnes, j'ai cru devoir, dans les recherches que j'ai faites à l'occasion des Manufactures de Pipes, examiner les propriétés de ces terres, afin de connoître si elles étoient effectivement des marnes, & pour découvrir en même temps quelles sont les qualités que ces terres doivent avoir pour former les plus belles Pipes.

Comme les marnes contiennent une assez grande quantité de terre calcaire, & que les Manufacturiers de Pipes ont la plus grande attention d'éloigner des murs les terres à Pipes qu'ils ont en magasin, de crainte qu'il ne se mêle parmi de la chaux ou quelqu'autre substance crétacée que l'on a reconnu être en général très-nuisible à la confection des Pipes, il étoit à présumer que ces terres n'étoient pas des marnes; mais les expériences dont je vais rendre compte, m'ont prouvé évidemment que c'étoit de véritables argilles, & même que celles dont la pesanteur spécifique étoit la plus grande, étoient aussi, toutes choses égales d'ailleurs, celles avec lesquelles on faisoit les Pipes les plus parfaites.

Les terres à Pipes dont j'ai fait l'examen, sont employées dans une Manufacture de Pipes établie dans la basse-ville de Dunkerque, & sont établies à l'instar de celles de Hollande, & dans une Manufacture de Pipes communes établie à Saint-Omer.

Les terres dont on se sert à Dunkerque viennent d'Andenne, dans le voisinage de Namur, d'Autroche, village du Brabant, situé environ à une lieue de Saint-Guillain, & d'Angleterre.

Celle de la Manufacture de Saint-Omer se tire à Devres, Bourg du Boulonnois, à trois lieues environ de Boulogne.

La terre d'Andenne est celle dont les Hollandois se servent pour faire la fayance fine & les belles Pipes qu'ils envoient dans toutes les parties du monde. Je n'ai pu avoir aucun renseignement sur la maniere dont on la retire de la mine. M. Gallon, Brigadier des Armées du Roi, Ingénieur en chef du Havre, & Correspondant de l'Académie, parle de cette terre à la page 15 de l'Art de convertir le Cuivre rouge en Cuivre jaune, qu'il a donné à l'Académie; mais il n'entre point dans les détails de l'extraction de cette terre. Un homme de Saint-Omer, qui avoit autrefois une Manufacture de Pipes, m'a assuré qu'ayant été lui-même acheter de la terre à Andenne, il avoit vu qu'on la tiroit hors de plusieurs puits qui avoient environ 20 à 25 pieds de profondeur. Il a su sur le lieu que les Hollandois en enlevoient de très-grandes quantités pour leurs Manufactures de Pipes. D'ailleurs, les Ouvriers que l'on a fait venir de Hollande pour établir la Manufacture de Dunkerque, ont indiqué la terre d'Andenne aux Propriétaires de la Manufacture de Dunkerque, qui en ayant fait venir, ont fait fabriquer des Pipes entiérement semblables à celles de Hollande; ainsi c'est mal à propos que l'on a imprimé dans un Dictionnaire d'Histoire Naturelle, au mot *Terre à Pipes*, & dans une Minéralogie du même Auteur, à l'article *Marne*, que les Hollandois tirent leur terre à Pipes de Rouen, à la faveur des vaisseaux de cette Nation, qui s'en chargent sous le prétexte de prendre du lest. Je ne nie pas le fait; mais cette terre n'est, ni ne peut être employée seule pour faire des Pipes fines. Voici une preuve de cette assertion.

M. de la Ruelle, l'un des Propriétaires de la Manufacture de Dunkerque, fit venir de Rouen, sur la foi de l'article du Dictionnaire que je viens de citer, des échantillons de toutes les argilles que l'on trouve aux environs de Rouen, & il n'en trouva qu'une qui pût faire des Pipes communes & de mauvaise qualité.

Quoique les terres à Pipes que j'ai examinées, eussent paru seches lorsqu'on me les a procurées, j'ai cru devoir néanmoins les exposer pendant un mois sur le four d'un Boulanger, afin de les amener toutes, autant qu'il étoit possible, au même degré de sécheresse.

La terre d'Andenne ne fait aucune effervescence avec les acides; elle est grise, & elle pese 150 livres quatre onces six gros le pied cube. Quinze pouces cubes de cette terre réduite en poudre & passée par un tamis de soie, fait un volume de 33 pouces cubes. Cette quantité de terre réduite en poudre mise dans un vase, imbibe une livre trois onces & demie d'eau. Si l'on y ajoute une grande quantité d'eau & qu'on l'agite, elle se délaie parfaitement. Les parties de cette terre sont si fines, qu'elles se tiennent assez long-temps suspendues dans l'eau. Dès que l'on cesse de l'agiter, les parties qui se déposent ont presque déja autant de liant & de consistance que si elles n'étoient simplement qu'imbibées d'eau.

Si

Si l'on continue de verser de l'eau & d'agiter le tout au point que toute la terre y soit suspendue, & qu'en même temps on verse le mélange par inclinaison, on trouve au fond du vase du sable encore embarrassé de parties argilleuses, mais que l'on nettoie par un second ou troisieme lavage. Les 15 pouces cubes ont produit deux scrupules & 4 grains de sable.

Cette terre est extrêmement ductile & liante ; lorsqu'elle est amollie au point d'être mise en œuvre, elle acquiert plus de solidité par la pression du moule, que celles dont je parlerai dans peu. C'est pour cette raison que les Pipes que l'on fait avec cette terre, sont aisées à travailler tandis qu'elles sont encore molles. Comme elles ne se cassent ordinairement pas dans les différentes manipulations qu'elles éprouvent avant que d'être mises au four, elles se polissent beaucoup mieux & les Ouvriers y gagnent davantage, parce que les accidents qui arrivent aux Pipes molles sont à leur charge.

La terre d'Andenne a une autre qualité qui n'est pas moins avantageuse aux Propriétaires des Manufactures de Pipes. La retraite dont elle est susceptible à la cuite n'est pas considérable, & elle se fait également dans toutes les parties de la Pipe, de sorte qu'il est rare d'en voir qui soient déformées. Leur surface d'ailleurs est très-unie, ce qui fait que le vernis qu'on y applique après la cuisson, les rend presqu'aussi luisantes que si ce vernis étoit produit par la fusion d'une matiere vitrifiable.

Cette terre prend une petite nuance roussâtre à la cuisson ; mais la dureté des Pipes & la conservation de leur forme dédommage bien de cet inconvénient, si c'en est un.

La terre d'Autrache se tire à 20 pieds de profondeur ; & pour cela, on fait des puits d'environ 6 pieds de diametre. Le banc d'argille a environ 10 pieds d'épaisseur ; il est divisé par lits de qualités différentes. L'argille la plus fine est mise à part pour les Manufactures de Pipes & de faïance ; la plus grossiere sert pour les Poteries de terre & de grès établies dans le village & dans les environs.

Cette terre est brune ; elle ne fait pas effervescence avec les acides : elle pese 143 liv. 4 onces 3 gros le pied cube. Dix-sept pouces cubes réduits en poudre fine & tamisée comme la précédente, ont occupé 42 pouces cubes qui ont imbibé 15 onces d'eau. Cette quantité contenoit 81 grains de sable.

Cette terre n'a pas tout-à-fait autant de liant que celle d'Andenne ; elle se précipite plus vîte lorsqu'elle est délayée dans une grande quantité d'eau ; elle cuit un peu plus blanc, mais elle a un peu plus de retraite ; d'ailleurs elle se travaille bien. Elle a l'inconvénient de contenir quelquefois beaucoup de petites pyrites qui l'ont fait abandonner par la Manufacture de Dunkerque. On avoit coutume pour la dépouiller de ces pyrites, de la réduire en petits morceaux avant de la détremper pour la mettre en œuvre : on retiroit par ce moyen toutes celles que l'on pouvoit appercevoir ; mais il en restoit que l'on ne pouvoit voir, ſoit parce qu'elles étoient trop petites, ou parce qu'elles reſtoient cachées dans l'épaiſſeur des morceaux.

Ces pyrites détérioroient les moules par leur dureté, & lorſqu'elles ſe trouvoient cachées dans l'épaiſſeur des Pipes, elles perçoient, en ſe décompoſant à la chaleur du four, les Pipes d'outre en outre à l'endroit où elles étoient engagées, & elles communiquoient outre cela une couleur d'ochre aux environs des trous.

Cette terre coûte environ 40 ſols le quintal rendue à Dunkerque, & la terre d'Andenne, que l'on y fait venir par la Hollande pour épargner les frais de tranſport par terre, y revient à trois liv. 10 ſ. (*)

Comme les Pipes que l'on faiſoit avec la terre d'Autrache, étoient, à très-peu de choſe près, auſſi parfaites que celles fabriquées avec la terre d'Andenne, il eſt probable que l'on eût donné la préférence à la premiere à cauſe de la modicité de ſon prix, ſans l'inconvénient des pyrites. Il eſt certain que l'on peut la débarraſſer entiérement des pyrites, en la délayant dans une aſſez grande quantité d'eau pour les faire précipiter au fond du cuvier dans lequel on fait cette opération, ainſi que cela ſe pratique dans les Manufactures de Faïance fine & de Porcelaine, où l'on a beſoin d'une argille pure. Le Manufacturier de Dunkerque, à qui j'ai donné ce conſeil, m'a promis d'en faire uſage.

La terre Angloiſe que l'on emploie à Dunkerque eſt très-blanche; elle eſt beaucoup moins liante & moins compacte que les précédentes: elle ne fait point efferveſcence avec les acides. Le pied cube peſe 135 liv. 11 onces; 18 pouces cubes & demi réduits en pouſſiere & paſſés par un tamis fin, ont occupé 45 pouces cubes. Cette quantité a imbibé une livre 5 onces d'eau. Lorſqu'elle eſt délayée dans un grand volume d'eau, elle s'y tient plus long-temps ſuſpendue que celle d'Andenne. Cette quantité de 18 pouces cubes & demi, a dépoſé 76 grains de ſable.

Cette terre ſe travaille très-difficilement: elle prend beaucoup moins de ſolidité dans le moule que les précédentes; ainſi les Pipes dans leur état de molleſſe, ſont beaucoup plus ſujettes à ſe caſſer dans les différentes manipulations qu'elles éprouvent, que celles qui ſont faites avec des terres plus compactes. Elle eſt naturellement blanche, conſerve ſa blancheur au feu, & y devient très-dure; mais ſa retraite eſt ſi grande & ſi inégale, que ſur 12 Pipes il ne s'en trouve ſouvent pas deux qui conſervent leur premiere forme. Leur ſurface eſt outre cela ſi raboteuſe, que malgré leur blancheur & le vernis qu'on y applique, elles ſont déſagréables à la vue.

Je n'ai pu avoir aucun renſeignement ſur le lieu de l'Angleterre d'où l'on tire cette terre, ni ſur la maniere dont elle eſt tirée de la mine. J'ai appris qu'il étoit défendu ſous de rigoureuſes peines d'en ſortir d'Angleterre. Celle que j'ai vue à Dunkerque, provenoit cependant d'un vaiſſeau qui en étoit chargé, & qui fut pris & amené à Dunkerque par un Corſaire François pendant la derniere guerre.

(*) Il y a 20 livres de bon poids par quintal; ainſi le quintal eſt de 120 livres.

Comme les Pipes Angloiſes reſſemblent à tous égards à celles que l'on fabrique à Dunkerque avec la terre Angloiſe dont j'ai parlé, il eſt probable qu'elles ſont faites avec la même terre.

La terre de Devres eſt une argille brune, compacte & liante; elle ne fait pas plus d'efferveſcence avec les acides que celles dont j'ai parlé. Le pied cube peſe 144 liv. 3 onces 6 gros; 16 pouces cubes réduits en poudre, ont occupé 41 pouces cubes, qui ont imbibé 15 onces d'eau, & dépoſé 68 grains de ſable après avoir été délayés dans une grande quantité d'eau. Elle eſt moins liante & moins compacte que celle d'Andenne; mais elle poſſede ces deux qualités eſſentielles aux terres à Pipes à un degré plus éminent que celle d'Autrache. Elle ſe travaille très-aiſément & ſans perte, & elle cuit dur avec peu de retraite, mais elle a l'inconvénient de rougir à la cuite, parce qu'elle contient des parties ferrugineuſes. Quoique cette couleur ait paru juſqu'ici indeſtructible, je crois devoir faire connoître que le ſieur Charles-Marie Rouſſel, Manufacturier de Saint-Omer, a trouvé le moyen de la faire cuire auſſi blanche que celle d'Andenne. Il y a quarante ans que ce Manufacturier a trouvé le ſecret de détruire cette couleur ferrugineuſe, ou de l'empêcher de ſe développer pendant la cuite. Il m'a avoué que j'étois le ſeul à qui il en eût fait part; il me paroît juſte de lui en faire honneur en le rendant public.

Ce procédé eſt ſimple; il conſiſte à boucher, lorſque le feu eſt allumé, preſque toutes les ouvertures pratiquées dans la partie ſupérieure du four, dont l'uſage eſt de laiſſer évacuer la fumée. Il les tient ainſi fermées pendant trois quarts d'heure, de ſorte que le four eſt alors rempli d'une fumée épaiſſe qui noircit les Pipes ainſi que l'intérieur du four. Il tient pendant un quart d'heure ces ouvertures débouchées; alors le feu devient actif, & la matiere fuligineuſe dépoſée ſur les Pipes ſe conſomme. Il bouche encore les mêmes ouvertures pour trois quarts-d'heure, & il les ouvre encore pendant un quart-d'heure. Enfin il continue ainſi de fermer & d'ouvrir ces ouvertures pendant 22 à 24 heures que dure l'opération de la cuite; mais ſur la fin il charge le foyer d'une plus grande quantité de bois qu'à l'ordinaire, en tenant les ouvertures débouchées pendant une heure. Il laiſſe éteindre le feu de lui-même, ainſi que cela ſe pratique dans les autres Manufactures, & les Pipes qu'il fait cuire de cette maniere, ſont auſſi blanches que celles de Hollande, tandis qu'elles ſeroient rouges s'il eût laiſſé débouchées, pendant le temps de la cuite, les iſſues par où la fumée doit s'échapper.

L'intérieur des Pipes cuites de cette maniere eſt moins blanc que l'extérieur; mais il eſt beaucoup moins rouge que ne ſeroit la même terre qui ſeroit cuite par un feu clair, ce qui me fait croire que la matiere fuligineuſe, dont les Pipes ſe trouvent empreintes chaque fois que l'on ferme les ouvertures ſupérieures du four, procure du phlogiſtique à la terre ferrugineuſe, ce qui détruit la couleur qu'elle exalteroit ſans cela; ou bien, ce qui eſt peut-être plus vraiſemblable, que cette terre contenant du fer non-décompoſé, le phlogiſtique de la ſuie l'empêche de ſe calciner au feu & de manifeſter ſa couleur; mais de quelque maniere que cela s'opere, le fait n'en eſt pas moins vrai, & il fait certainement honneur au Manufacturier de Saint-Omer.

Si l'on fait attention que les terres à Pipes dont je viens de parler, ne ſont aucune efferveſcence avec les acides, & qu'elles ont d'ailleurs toutes les propriétés qui caractériſent les argilles, on voit que c'eſt avec raiſon qu'on ne les a pas compris dans la claſſe des marnes. Si l'on conſidere enſuite que la plus peſante, la plus compacte & la plus liante des argilles dont j'ai parlé, eſt celle qui produit les plus belles Pipes & de la meilleure qualité, telles que les belles Pipes de Hollande, qui ſont faites avec la terre d'Andenne, il paroîtra raiſonnable de conclure que les argilles qui ſeront tout à la fois les plus peſantes, les plus compactes & les plus liantes, quand d'ailleurs elles ne contiendroient pas une aſſez grande quantité de fer pour qu'elles deviennent rouges à la cuite, ſeroient les plus propres pour faire de belles Pipes.

J'ai cru devoir faire cet examen des terres à Pipes, principalement pour mettre à portée ceux qui doivent établir des Manufactures de Pipes fines, de connoître ſans beaucoup de dépenſe, celles qui ſont les plus propres à remplir leur objet. Nous avons beaucoup de ces argilles en France; il ne s'agit que d'être en état de connoître les meilleures.

Comment on prépare la Terre pour faire les Pipes.

Les préparations de la terre à Pipe, ſont d'abord de la laiſſer tremper dans une cuve pleine d'eau pour la rendre ſouple & maniable. Il ne faut pas pour cela plus d'une demi-journée, pendant lequel temps on la travaille avec un inſtrument coupant comme une petite bêche, que l'on appelle *louchet*; enſuite de quoi on met cette terre ſur une table à l'épaiſſeur d'un demi-pied; & pour la corroyer, on la bat avec une barre de fer plus ou moins de temps, ſuivant la qualité de la terre. La fine a beſoin d'être plus battue, parce qu'elle eſt plus difficile à rendre maniable & liante. En deux heures de temps on bat une cuve de terre d'environ un demi-muid. Si elle ſe trouvoit fort fine, il faudroit plus le double du temps.

Après que cette terre eſt ainſi préparée & qu'elle eſt devenue comme de la pâte, elle eſt en état d'être travaillée.

Ce que nous venons de dire ſur la préparation de la terre eſt ſuffiſant, quand elle eſt naturellement de bonne qualité, & qu'on ſe contente de faire des Pipes communes. Mais à Dunkerque on apporte bien d'autres précautions pour parvenir à faire des Pipes qui ſoient aſſez fines pour le diſputer en beauté à celles de Hollande. Les détails que je vais rapporter, ſont d'après les Mémoires que j'ai reçus de M. Rigault.

L'Ouvrier

L'Ouvrier qui prépare la terre pour faire les Pipes, & qu'on appelle *Batteur*, est chargé de recevoir les terres à la Manufacture, de les mettre en magasin, & d'y donner les soins qu'elles exigent.

Le magasin est, ou doit être, un grenier disposé de façon que l'on puisse, au moyen des fenêtres, y établir un courant d'air lorsqu'il fait sec, & le tenir clos lorsque le temps est humide.

Le Batteur reçoit la terre des Voituriers dans des mandes ou mannes d'osier, (*Fig.* 2, *Pl. V*) garnies intérieurement de toile & de la même jauge que celles dont on se sert pour la mesurer sur la mine. Il en ôte les corps étrangers qu'il y apperçoit; & s'il rencontre des morceaux de terre où il y ait des graviers ou beaucoup de taches ferrugineuses, il les met de côté pour servir au raccommodage des pots. Les mandes de bonne terre sont portées à bras au magasin, ou elles y sont montées à la faveur d'une corde & d'une poulie, quand le magasin est un grenier. Il pose la terre sur des planches quand le magasin est pavé ou carrelé; mais dans tous les cas il a l'attention de garnir avec des planches ou avec des nattes les murs du magasin, afin que la terre ne contracte ni l'humidité qui peut y régner, ni du sable & de la chaux qui peuvent se détacher des murs; enfin pour qu'elle seche plus promptement, il place les morceaux à côté & à quelque distance les uns des autres.

Comme il est important que la terre soit très-seche avant que d'être détrempée, le Batteur a l'attention d'ouvrir les portes & les fenêtres du magasin dans les beaux temps, & de les tenir fermées lorsque l'air est humide. Il a encore la précaution, pour que la terre ne se mêle point avec d'autres corps hétérogenes que ceux que l'air peut y déposer, d'ôter ses sabots ou ses souliers avant que d'entrer dans le magasin dont il est le gardien.

La préparation des terres consiste à les mêler, à les écraser, ensuite à détremper le mélange, à l'étamper & à le battre. Mais avant que d'entrer dans le détail de ces opérations, je crois devoir, pour en rendre l'explication plus intelligible, faire le détail de l'attelier & des ustensiles du Batteur.

L'attelier du Batteur est un emplacement clos de murs & couvert, ayant à peu-près 15 pieds en quarré. Dans les Manufactures bien montées, cet attelier est toujours placé à côté de celui des Rouleurs & Mouleurs. Il contient trois cuves (*Fig.* 12, 13 & 14, *Pl. V*,) cerclées en fer, ayant deux pieds de diametre & environ 20 pouces de profondeur : elles sont placées à côté les unes des autres, contre le mur, sur la même ligne & sur des madriers. A côté de ces cuves, & dans un des retours d'équerre de l'attelier, est un établi, *Fig.* 15, qui forme un quarré long de 4 pieds 8 pouces de longueur, sur un pied 10 pouces de largeur, ayant environ deux pouces d'épaisseur. Pour lui donner plus de solidité, il est engagé par un grand & par un petit côté dans l'angle du mur. Il est élevé de deux pieds & demi, & supporté par quatre pieds solides joints ensemble par des traverses, & posés librement sur des madriers. Ces madriers ne ſont placés ſous les cuves & ſous l'établi, que pour empêcher la terre détrempée qui s'échappe quelquefois dans les différentes manipulations qu'elle éprouve dans cet attelier, de tomber ſur le carreau & d'y contracter des ſaletés; auſſi le Batteur entretient-il ces madriers très-propres. Il a encore l'attention de garnir de nattes ou de planches les murs au-deſſus des cuves & ceux au-deſſus de l'établi, afin qu'il puiſſe retirer pure la terre qui ſouvent y eſt jettée, & s'y attache.

Les autres uſtenſiles du Batteur ſont, un Maillet de bois, des Mandes ou Mannes d'oſier, le Barreau, l'Etampe, la Palette, le Battoir, la Razette, l'Ecumette, une Broſſe de crin & un Piqueron.

Le Maillet (*Fig.* 1, *Pl. V*,) eſt un maillet de bois très-ordinaire. Il ſert à écraſer les morceaux de terre trop gros avant que de les mettre à détremper.

La Mande d'oſier, (*Fig.* 2) eſt un panier à deux petites anſes très-fort : il eſt garni intérieurement de toile, & il ſert pour porter la terre au magaſin, & la tranſporter de-là à l'attelier du Batteur.

Le Barreau (*Fig.* 3,) eſt une barre de fer triangulaire, ayant le côté *B* de plus de moitié plus étroit que les deux autres *C*. *A* eſt la poignée. Le petit côté a 11 lignes de largeur, & les deux côtés plus larges ont deux pouces. On en voit la coupe à la *Figure* 4. Cet outil ſert à battre la terre ſur l'établi.

L'Etampe (*Fig.* 5,) eſt une pile de bois ſervant à battre & à comprimer la terre dans une des cuves : c'eſt ce qu'on appelle en Architecture une *dame*.

La Palette (*Fig.* 6,) eſt un louchet dont l'uſage eſt de ſervir à remuer la terre lorſqu'elle eſt détrempée, & pour la tranſporter d'une cuve dans l'autre, & de-là ſur l'établi.

Le Battoir (*Fig.* 7,) eſt de bois, & il eſt tout-à-fait ſemblable à ceux dont ſe ſervent les Blanchiſſeuſes pour battre le linge. Il ſert pour battre la terre dans la troiſiéme cuve, & pour donner la forme cubique aux pieces de terre battues.

La Razette (*Fig.* 8,) dont la coupe eſt repréſentée par la Figure 9, eſt une ratiſſoire de fer : elle ſert pour ôter la terre qui reſte collée ſur l'établi après qu'elle a été battue.

L'Ecumette (*Fig.* 10,) eſt formée d'un cercle de fer percé de pluſieurs trous, ſur lequel on ajuſte une étamine de crin ou un treillis ſerré de fil de laiton. Elle ſert pour enlever les ordures légeres qui étoient engagées dans la terre, & qui viennent nager à la ſurface de l'eau lorſqu'elle eſt détrempée.

La Broſſe (*Fig.* 11,) eſt de crin : elle ſert pour nettoyer l'établi quand le Batteur ſe diſpoſe à battre la terre.

Enfin le Piqueron (*Fig.* 16), eſt une ſorte de bout de chevron arrondi, & dont les extrémités ſont preſque terminées en pointes. On s'en ſert dans les Manufactures de Tournay pour battre ou ſcraabter la terre dans la troiſieme cuve.

Les Manufacturiers de la Flandre Françoiſe & de l'Artois, ſont dans l'uſage de mêler quelques terres communes avec celles d'Andenne ou d'Autrache dont j'ai parlé, parce que ces dernieres payent des droits assez considérables à leur sortie des Pays-bas Autrichiens, ce qui fait qu'elles reviennent, en y comprenant les frais de transport, à un si grand prix rendues aux Manufactures, qu'il ne seroit plus possible d'établir de concurrence entre les Pipes étrangeres & les nôtres, si l'on ne mélangeoit ces terres avec d'autres plus communes.

Ces mélanges se font dans des proportions différentes, selon que les Pipes doivent être plus ou moins fines; mais les Manufacturiers ont toujours grand soin de cacher ces proportions. J'ai su cependant qu'à Dunkerque on mêloit deux parties de terre d'Andenne avec une partie de terre Angloise pour faire les Pipes fines façon de Hollande; que pour faire les Pipes de façon Angloise, on s'y servoit de la terre Angloise pure; qu'à Saint-Omer on mêloit parties égales de terre d'Autrache & de celle de Devres, pour y faire des Pipes fines; que pour faire les Pipes communes, on employoit la terre de Devres pure; & qu'enfin à Valenciennes, on se servoit de parties égales de terre d'Autrache & de celle de Pau.

Lorsque le Batteur a fait au magasin le choix de la terre qu'il veut employer, il l'écrase en morceaux à peu-près de la grosseur d'un œuf de poule, au moyen du maillet, *Fig* 1. Il est par ce moyen plus en état de la bien éplucher; d'ailleurs, elle est beaucoup plus vîte & mieux détrempée que si elle restoit en morceaux plus gros. Il met à part, pour servir au raccommodage des pots, les morceaux où il apperçoit des corps étrangers ou des taches ferrugineuses. Il remplit la Mande *Fig.* 2, qu'il porte à son attelier, & il met la terre dans la cuve *A*, *Fig.* 12, qu'il remplit jusqu'à environ six travers de doigt du bord supérieur. Il verse ensuite de l'eau pour la détremper jusqu'à ce que la cuve soit pleine. Cette opération se fait ordinairement vers le soir, & l'usage est de laisser la terre s'imbiber & se détremper jusqu'au lendemain au matin. Alors le Batteur écume la terre, c'est-à-dire, qu'avec l'écumette *Fig.* 10, il enleve les ordures légeres, comme pailles, bois, &c, que la terre a abandonnées & qui nagent à la surface de l'eau dont elle est recouverte; ensuite il enfonce le fer de la palette *Fig.* 6, jusque sur le fond de la cuve, & il amene au-dessus la terre qui étoit au-dessous, en faisant attention si le tout est parfaitement détrempé. Il écume encore la terre, parce qu'il a déterminé les corps légers qui étoient en dessous à venir surnager. Il pratique ensuite une rigole à la surface de la terre, il la dirige vers le point *B* de la cuve *Fig.* 12, qui est un trou rond bouché par un fausset, dont l'usage est de laisser écouler l'eau que la terre n'a pu imbiber; mais il ne la laisse s'écouler que lorsque la terre, dont l'eau surabondante avoit été troublée par les manœuvres que je viens de décrire, est tout-à-fait déposée.

La terre dans cette opération n'est point délayée, elle n'a pris précisément que la quantité d'eau qu'elle a pu absorber. La pratique a prouvé que les eaux crues ou les eaux pluviales étoient également bonnes pour détremper les terres à Pipes, & que ces terres étoient d'autant plus vîte & mieux détrempées, qu'elles étoient plus féches. C'eft pourquoi le Batteur a l'attention d'en mettre fécher dans le voifinage du four lorfque celle du magafin ne l'eft pas affez. C'eft enfin la raifon pour laquelle il eft fi attentif à fermer & à ouvrir les fenêtres du magafin, ainfi que je l'ai dit, felon que le temps eft fec ou humide.

La terre étant ainfi détrempée, ne peut être employée par les Rouleurs & Mouleurs, qu'elle n'ait acquis une certaine confiftance, foit par l'évaporation de l'humidité, ce qui demande beaucoup de temps, foit en la mêlant avec des terres féches qui partagent l'humidité qui la rendroit trop molle ; mais comme le dernier de ces moyens eft le plus prompt, on la mêle avec des *fcraabes* ou rognures de Pipes molles, ou même des Pipes molles caffées, que les Mouleurs & les Trameufes ramaffent avec autant de foin que de propreté, & que l'on met fécher dans un grenier.

Lorfque l'eau eft écoulée de la premiere cuve, le Batteur prend la terre détrempée avec la palette, & il en fait un lit d'environ trois pouces d'épaiffeur dans la cuve *Fig.* 13 ; il en égalife la furface, puis il fait par-deffus un lit de fcraabes très-féches, d'environ deux pouces d'épaiffeur, dont il égalife auffi la furface. Enfuite avec le tranchant du fer de la palette qu'il enfonce jufqu'au fond de la cuve, il coupe les fcraabes trop groffes, & les fait pénétrer avec les plus petites dans l'argille détrempée. Les coups de palette font toujours donnés dans un fens oppofé, c'eft-à-dire, que la ligne que décrit le fer de la palette dans le premier coup, eft coupée à angle droit ou à peu-près par le coup fuivant. Cette opération étant faite, il arrange un fecond lit de terre détrempée fur ceux-ci, & un autre de fcraabes, qu'il travaille comme les précédents avec la palette ; alors il étampe.

Cette opération confifte à comprimer avec la Dame ou l'Etampe *Fig.* 5, ces quatre lits, jufqu'à ce qu'il juge par la diminution de leur volume, que les fcraabes ont imbibé l'eau furabondante de la terre détrempée, & qu'elles foient en quelque forte incorporées avec elle. Cette terre étant étampée ou pilée, il met par-deffus deux lits de terre détrempée comme ci-deffus, & deux lits de fcraabes qu'il mêle avec la palette & qu'il étampe. Enfin il ajoute encore fur ceux-ci deux lits de terre & deux de fcraabes qu'il mêle, mais qu'il étampe beaucoup plus long-temps que les précédents, parce que les premiers éprouvent l'effet qu'il exerce fur les derniers. Cette opération très-pénible à caufe de l'adhérence de l'étampe à la terre, ce qui la rend très-difficile à relever, dure environ un quart-d'heure. Il nettoie alors l'étampe avec la razette *Fig.* 8, & il fcraabte la terre.

Cette opération confifte à transférer la terre étampée de la cuve *Fig.* 13, dans celle *Fig.* 14, au moyen de la palette, & à la battre un inftant avec le battoir *Fig.* 7, à mefure qu'il en a transféré trois ou quatre pellerées. Il continue ainfi jufqu'à ce que la cuve en queftion contienne toute la terre étampée. Comme cette opération fe fait fur de petites quantités de terre à la fois, les fcraabes font mieux

mieux aſſimilées avec la terre détrempée, qu'elles ne l'avoient d'abord été par l'étampe ; & le Batteur eſt d'autant plus intéreſſé à la bien faire, qu'il évite par-là la peine de battre long-temps la même terre ſur l'établi, opération qui eſt, ſans contredit, la plus pénible de la Manufacture. A Tournay on ſcraabte la terre avec le piqueron *Fig.* 16, & l'on m'a aſſuré qu'elle l'étoit beaucoup mieux qu'avec le battoir.

La terre arrivée à ce degré de préparation pourroit être travaillée ; mais elle ne formeroit pas des Pipes d'une couleur uniforme : car les ſcraabes qui proviennent d'une terre très-exactement mêlée, ne ſont pas encore aſſimilées avec celle-ci autant qu'elles doivent l'être. Pour lui donner ce dernier point de perfection, le Batteur prend en pluſieurs pellerées avec la palette, à peu-près cent livres de la terre ſcraabtée dans la cuve *Fig.* 14 ; il la poſe ſur l'établi *Fig.* 15, qu'il a eu ſoin de nettoyer auparavant avec la broſſe *Fig.* 11. Il en fait un lit long & étroit qu'il diſpoſe ſelon la longueur de l'établi, ainſi qu'on peut le voir en *B*. Il prend enſuite à deux mains le barreau *Fig.* 3. par la poignée *A*, & il frappe pluſieurs coups du plat *C* ſur ce lit, afin d'en égaliſer la ſurface, & de réduire ſon épaiſſeur à environ deux pouces. Il frappe enſuite avec le dos *B* du barreau, par le travers du lit de terre, commençant par un bout & finiſſant par l'autre, ayant l'attention à chaque coup, qu'il n'y ait que les trois quarts de l'épaiſſeur du dos du barreau qui porte ſur la terre non battue. Le lit s'élargit par l'effet du barreau, ainſi qu'on peut le voir en *C* ; mais dès qu'il eſt entiérement battu, il le raſſemble tant avec les mains qu'avec la razette *Fig.* 8, & il la diſpoſe encore ſelon la longueur de l'établi, mais dans un ſens oppoſé à la premiere diſpoſition, de façon que les coups de barreau doivent cette fois couper en travers les premiers ; enfin il la ramaſſe après l'avoir battue, il la diſpoſe de la même maniere qu'elle étoit la premiere fois, & il la bat encore ; & ſi à cette troiſieme repriſe il s'apperçoit, après l'avoir ramaſſée & en avoir coupé une tranche avec un fil de laiton, que la couleur n'en eſt pas uniforme, ce qui annonce que le mélange eſt encore imparfait, il la bat une quatrieme fois.

Après que la terre a été battue & ramaſſée, il la met en piece ; il en fait une maſſe, à laquelle il donne, au moyen du battoir *Fig.* 7, une forme à-peu-près cubique, ainſi qu'on peut le voir dans la Figure 1, *Pl.* 6. Ces pieces de terre peſent de 80 à 100 livres : elles ſont placées à côté de l'établi ſur une eſpece de banc, où les Rouleurs viennent les prendre pour les mettre en œuvre ; mais comme la beauté des Pipes dépend en partie de la bonne préparation de la terre, elles ne ſont employées que lorſque le maître Ouvrier les a contrôlées. Ce contrôle ſe fait en en coupant quelques tranches avec un fil, afin de voir ſi la couleur eſt parfaitement uniforme. Il eſt auſſi enjoint, ſous peine d'amende, aux Rouleurs d'avertir le maître-Ouvrier lorſqu'ils ont des parties de pieces où la couleur eſt comme marbrée.

A Tournay, à Valenciennes & à Saint-Omer, on ſe ſert, pour battre la terre, d'une barre de fer d'un pouce d'équarrissage. L'opération est encore plus pénible avec ce barreau qu'avec celui à couteau, parce qu'il adhere davantage à la terre; mais elle est plutôt & plus exactement faite. Le barreau à couteau pese 15 à 16 livres, & le quarré environ 20 livres.

A Tournay, les Batteurs sont dans l'usage de donner à la terre ce qu'ils nomment *des brouillards*, lorsqu'en la battant ils apperçoivent des parties qui sont encore seches. Pour cela ils remplissent d'eau leur bouche, & ils la soufflent avec le plus de force qu'ils peuvent, sur les parties qui leur paroissent trop peu humectées. Cette eau est réduite effectivement en parties si fines, qu'elles ressemblent à un brouillard.

Le Batteur est ordinairement payé au mois dans les Manufactures; ses gages sont de 40 livres par mois. Il est tenu de préparer tous les jours de la terre pour 16 Mouleurs, de raccommoder les pots, de recevoir la terre & de la soigner tandis qu'elle est en magasin, & de donner aussi des soins aux scraabes, que les Ouvriers portent au magasin qui leur est destiné.

M. Rigault a assurément bien exactement détaillé la préparation des terres à Pipes, telle qu'on la fait en Flandre; cependant je ne me crois pas dispensé de rapporter la méthode de Hollande, dont j'ai l'obligation à M. Allamand, d'autant qu'elle fournit des moyens plus expéditifs que celle de Flandre.

Pour mettre la terre à Pipe en état d'être employée par les Rouleurs & les Mouleurs, on commence par la faire bien sécher; ensuite on la réduit en poudre avec un maillet, puis on la met tremper pendant un ou deux jours, suivant la quantité de terre qu'on veut préparer. Au bout de ce temps on fait écouler l'eau qui surnage, & on remue la terre avec une pelle de fer jusqu'à ce qu'elle ait acquis la consistance d'une pâte liée; alors on la pétrit, & l'on en fait des especes de pains longs d'un pied, larges & épais de 6 pouces: on les met dans un moulin pour les mieux pêtrir & rendre leur substance plus homogene.

Pour comprendre la construction de ce moulin, il faut imaginer une barre de fer *A B*, *Pl.* 7, *Fig.* 1, établie perpendiculairement entre les poutres *O A M* & *N B P*; les deux bouts de cette barre sont reçus, savoir celui *A*, dans des collets de fonte; & celui *B*, dans une crapaudine de même métal, & elle est mue circulairement au moyen du levier *C D*, qui lui est fermement attaché en *C*, & qui s'étend jusqu'en *D*, où l'on ajoute une barre de fer courbée *Dg*, à laquelle on attele un cheval, qui, par un mouvement circulaire, fait tourner la barre *A B*.

Cette barre est dans l'axe d'un cylindre creux, ou d'un tonneau cylindrique ouvert par en-haut en *E G*, & fixé par en-bas sur le plancher *R S*, qui lui sert de fond. Ses douves sont épaisses d'un pouce & demi, & sont exactement jointes les unes aux autres par quatre cercles de fer *E*, *H*, *I*, *F*; son diametre est de deux pieds, & sa hauteur *F G* de trois pieds & demi. Il est percé au bas de deux trous quarrés *a b c d*, de 8 pouces : ils ſont vis-à-vis l'un de l'autre.

Sa hauteur eſt partagée en quatre parties égales, en *c, c, c, c*, *Fig.* 2, par autant de lames de fer *b c*, *Fig.* 2 & 3, qui ont deux ou trois lignes d'épaiſſeur, & deux pouces & demi de largeur *i k*, *Fig.* 3. Ces lames ſont fixées à la barre de fer verticale, & forment comme autant de rayons du cercle formé par le cylindre où elles ſont placées, & de la circonférence duquel elles s'approchent autant qu'il eſt poſſible, ſans cependant la toucher. Chacune de ces lames horiſontales eſt chargée de quatre autres de la même largeur & épaiſſeur, mais qui s'élevent perpendiculairement à la hauteur de 6 pouces, telles que *a*, *a*, *a*, *a*, *Fig.* 2. & 3. Ces lames qui s'élevent perpendiculairement ſur la longueur des lames horiſontales ſur leſquelles elles ſont attachées, diviſent celles-ci en quatre parties égales; celles *a b*, qui ſont le plus éloignées du centre, touchent preſque les parois du tonneau, & la plus baſſe des lames horiſontales raſe le fond, au-deſſus duquel elle eſt poſée. Les lames perpendiculaires font l'office de couteaux, & elles en portent le nom. Lorſque le cheval fait tourner la barre *E F*, *Fig.* 2, les couteaux coupent, par leur mouvement circulaire, les pains qu'on a mis dans le tonneau; & la terre corroyée & diviſée en morceaux aſſez minces, ſort par les trous *a b c d*, *Fig.* 1; auxquels on adapte en dehors une planche *d K a*, pour retenir la terre qui en ſort; on remet cette terre une ſeconde fois dans le moulin, & même une troiſieme, ſi on ne la trouve pas aſſez bien pétrie & corroyée.

Pour juger ſi la terre eſt telle qu'il la faut, les Ouvriers en prennent un morceau ſorti par les trous *a b c d*, & le coupent avec un fil de fer; s'ils trouvent que la couleur eſt uniforme, ils ſont aſſurés que la terre eſt bien préparée & corroyée comme il faut; alors ils en forment des pains comme auparavant pour les livrer aux Rouleurs : mais ſi cette terre n'eſt pas toute d'une couleur uniforme, ils la remettent au moulin.

La Figure premiere de la Planche 7, repréſente le moulin tel qu'il eſt quand le cheval fait tourner la barre *A B*, garnie de lames & de couteaux.

La Figure ſeconde en repréſente une coupe perpendiculaire, pour qu'on voie comment les lames horiſontales ſont aſſemblées au bas de la barre verticale.

La Figure troiſieme le repréſente vu perpendiculairement du haut en bas; 1, indique la plus haute des lames horiſontales, 4, la plus baſſe; 2 & 3, les lames intermédiaires. Les eſpaces compris en *d d d d*, ſont les trous par où ſort la terre. Le grand cercle *F F*, qui environne le moulin, & dont on ne voit qu'une portion à la *Fig.* 3, marque le cercle que décrit le cheval.

Après que la terre a été préparée comme nous venons de l'expliquer, & qu'on l'a miſe en pain, comme on le voit *Pl.* 6, *Fig.* 1, & en la pétriſſant ſur une table bien unie, on fait avec une partie de cette terre des rouleaux *Fig.* 2, en leur donnant à peu-près la forme que les Pipes doivent avoir.

Les Ouvriers prétendent que c'eſt un point des plus délicats de leur Art, que de prendre préciſément la quantité de terre qui convient pour emplir le moule ; car il faut que le moule ſoit plein, & qu'il n'y en ait pas de trop.

On aſſemble ces rouleaux par poignées de quinze, ce qui fait ce que les Ouvriers appellent *une douzaine*. On les arrange ſur trois couches en forme de pyramide *Fig. 3*, *Pl. 6*. La premiere couche *A* eſt compoſée de ſix rouleaux, la ſeconde *B* de cinq, & la troiſieme *C* de quatre. Quand on forme ces poignées, la terre eſt aſſez ferme pour que les rouleaux puiſſent ſe ſoutenir enſemble & être retournés en tous ſens, afin de les faire ſécher.

Ces rouleaux ayant acquis une conſiſtance ſuffiſante, on les détache des poignées pour les percer avec une broche de fer, *Fig. 5*, comme on le voit *Fig. 4*. Les Ouvriers font cette opération avec beaucoup d'adreſſe ; mais elle eſt bien difficile pour celui qui n'en a pas contracté l'habitude. L'Ouvrier ſaiſit ce qui doit faire le tuyau *a b*, *Fig. 4*, entre deux doigts qui ſuivent la pointe de la broche à meſure qu'il la fait avancer en pouſſant le manche ; car l'Ouvrier a le tact aſſez fin pour ſentir au travers de la terre une petite éminence circulaire qui eſt au bout de la broche *Fig. 5*. Il faut que cette broche ſoit exactement de la longueur du moule, & l'Ouvrier doit former le trou, à très-peu de choſe près dans l'axe du rouleau *a b*, *Fig. 4*. Quand la broche eſt entrée dans le rouleau de toute ſa longueur, il donne un coup de pouce à la boule de terre *d*, *Fig. 4*, qui doit former la tête de la Pipe, pour commencer à lui faire prendre l'inclinaiſon qu'elle doit avoir dans le moule.

On met enſuite la Pipe & la broche dans un moule de cuivre *Fig. 6*, qu'on a eu ſoin de frotter d'huile pour que la terre ne s'attache point aux parois. Ce moule eſt formé de deux pieces, ſur chacune deſquelles eſt très-proprement gravé en creux la moitié de la forme extérieure de la Pipe, ainſi que les ornements qu'on voit ſur quelques-unes des Pipes des Planches 1, 2, 3, 4.

On poſe l'une ſur l'autre les deux pieces du moule *Fig. 6 & 7*, qui ont des repaires *a a a* pour qu'elles s'ajuſtent bien réguliérement l'une avec l'autre ; & afin que les deux pieces du moule ne ſe dérangent pas, on met des chevilles dans les trous *a a a*.

On place ce moule dans une petite preſſe qui eſt fermement aſſujettie par des vis & des écrous *Fig. 17*, ſur une petite table *M*, *Fig. 8*. Cette preſſe *Fig. 8 & 9*, eſt formée d'une gouttiere de fer fondu & brut ; le fond *A* & les deux côtés *B C*, ſont d'une ſeule piece. Mais il y a dans l'intérieur de cette eſpece de gouttiere deux planches, une de fer poli *D*, l'autre de bois *G*, & la planche *D* n'eſt retenue auprès de la paroi *B* de la gouttiere, que par deux boulons de fer *E F E*, qui lui ſervent de conducteurs lorſque l'Ouvrier preſſe la planche *D* par la vis *H*, qui entre dans l'écrou *I*, *Fig. 8, 9 & 10*, qui a une tête qui l'arrête dans le côté *B* de la gouttiere de fonte. Au moyen de cette vis,

vis, la planche de fer *D* eſt fermement preſſée contre le moule qui s'appuie ſur la planche de bois *G*, qui eſt retenue par la joue *C* de la gouttiere de fonte. Il ſuffit que la planche *G* ſoit de bois, parce qu'elle ne peut être endommagée par la vis comme la planche *D*, qui ſeule eſt expoſée à ſon action.

On conçoit qu'au moyen de cette preſſe & du moule, le tuyau de la Pipe eſt tout d'un coup formé; mais la tête n'eſt qu'ébauchée, comme on le voit *Fig. 6.* Pour la perfectionner, l'Ouvrier laiſſant le moule dans la preſſe, commence à former le godet en écartant la terre avec le doigt index, & la répandant également tout autour. Il prend enſuite un poinçon de fer nommé *l'étampeux*, *Fig.* 11, qu'il fait entrer dans la tête du moule; & afin que ſes parois ſoient d'une égale épaiſſeur, & que le talon de la Pipe ne ſoit pas endommagé, l'Ouvrier attache ſolidement autour de l'étampeux à l'endroit fixé pour la longueur de la tête, un morceau de cuir *S*, qui lui ſert d'arrêt. Il retire enſuite le moule de la preſſe, il pouſſe la broche de fer juſqu'à la poignée pour former la communication du tuyau avec la tête de la Pipe *Fig.* 12, qu'il retire tout de ſuite du moule pour la perfectionner avec un inſtrument *Fig.* 13, qu'on nomme *l'eſtriqueux*. Il emporte les bavures pour lui donner la forme *Fig.* 12, avec le bout arrondi *R*; il coupe l'excédent du tuyau avec une lame de fer ou de cuivre *P*, qui eſt attachée obliquement au manche, & avec la pointe *T*, il retire adroitement la petite boule de terre que la broche a pouſſée dans la tête de la Pipe.

Les Pipes étant ainſi perfectionnées, il les met ſécher ſur des planches en les arrangeant comme on les voit *Fig.* 14.

Quand elles ont pris une certaine conſiſtance, l'Ouvrier les reprend pour ôter encore avec un couteau, les bavures de la tête, & en arrondir les arêtes avec un petit bouton de cuivre ou de corne. La Figure 15 *A*, repréſente le bouton, & *B* ſa coupe, pour faire voir qu'on a pratiqué dans l'intérieur une rainure dont l'uſage eſt d'arrondir & de perfectionner les arêtes de l'ouverture de la tête; enſuite il repaſſe toutes les Pipes dans le moule pour les redreſſer, & à meſure qu'elles le ſont, il les arrange ſur des planches, comme on le voit *Fig.* 16, où l'on apperçoit deux rainures de chaque côté, dans leſquelles on met le talon des Pipes, ce qui ſert à les bien arranger, & on les laiſſe en cet état juſqu'à ce qu'elles ſoient aſſez raffermies pour ſupporter le dernier poli, la marque de l'Ouvrier & la dentelle, ainſi que nous allons l'expliquer.

On donne le poli en les frottant avec deux cailloux, qu'on nomme *Pierres de torrents*, dans leſquelles on a creuſé des carreaux du calibre ou de la groſſeur du tuyau & de la tête de la Pipe.

La marque de la Manufacture s'imprime ſur le tuyau à deux ou trois pouces de diſtance du talon, avec une eſpece de lame de fer où ſont gravées différentes ciſelures & des caracteres, en faiſant paſſer pluſieurs fois cette marque tout autour du tuyau de la Pipe. Elle s'imprime aisément dans la terre qui est encore tendre.

La dentelle se fait à la tête de la Pipe. Pour l'imprimer, l'Ouvrier met le bouton *Fig.* 15, dans le godet de la Pipe pour lui donner du soutien, & avec une petite scie il parcourt le pourtour de la tête & imprime cette dentelle.

Quelquefois le moule porte lui-même en creux quelques ornements; en ce cas l'Ouvrier les repare à la main avec un poinçon de fer & il enleve les bavures qui auroient pu se former.

Les Pipes ayant ainsi reçu toute leur perfection, on les met sécher pour qu'elles soient en état d'être portées dans la chambre du four, & de résister à la chaleur qu'on leur fera éprouver pour les cuire.

Un bon Ouvrier peut faire par semaine environ vingt grosses de Pipes à cinq sols la grosse; c'est environ cinq livres qu'il gagne par semaine. On prétend qu'avec un demi-muid de terre à Pipe, on peut faire vingt-six à vingt-sept grosses de Pipes.

Quoiqu'il y ait bien des opérations qui soient les mêmes dans les Fabriques de Hollande que dans celles de France que nous venons d'exposer, je vais rapporter ce que M. Allamand m'a écrit à ce sujet.

Après que la terre a été apprêtée comme on l'a dit, un Ouvrier en prend une quantité suffisante pour faire une Pipe; & comme il a l'œil & la main exercés à cela, il est rare qu'il en prenne plus ou moins qu'il n'en faut: il la roule sur une table, en lui donnant à peu-près la figure d'une Pipe *A B*, *Fig.* 4, *Pl. VII.* Ensuite il assemble ces rouleaux par poignées de 24, & les arrange sur trois couches en forme de pyramides *Fig.* 5. La premiere couche *aa*, est composée de 9 rouleaux; la seconde *b b*, de 8; la troisieme *c c*, de 7. Ces rouleaux sont formés d'une terre assez ferme pour qu'ils puissent être retournés, afin qu'ils se sechent mieux sans perdre leur figure, & sans s'attacher l'un à l'autre.

On les laisse ainsi sécher pendant quelques heures, & quand ils ont acquis une consistance suffisante, on les sépare des poignées pour les percer avec une broche *a b*, *Fig. 6*, qui est terminée en *a* par une petite éminence circulaire. Pour cela l'Ouvrier place le rouleau *a b*, dans une espece de gouttiere de bois *A B*, *Fig.* 7, inclinée vers *A*, & fixée sur une table où est aussi attaché le moule *G H*, dont on va parler; ensuite saisissant le rouleau avec les deux doigts d'une main *E*, il le perce avec la broche *a F*, qu'il a soin de frotter d'huile auparavant, en observant les précautions décrites ci-dessus, comme en France. Quand cette broche est entrée à peu-près de toute sa longueur, l'Ouvrier donne à l'extrémité la plus grosse *B*, *Pl. VIII*, un coup de pouce, qui commence à lui donner l'inclinaison qu'elle doit avoir.

Ce rouleau ainsi percé se met avec la broche dans un moule de cuivre jaune

Fig. 9, qu'on a soin de frotter d'huile pour que la terre ne s'y attache point.

Le moule est formé de deux pieces *A B* & *C D*, sur chacune desquelles est gravée en creux la moitié de la forme extérieure de la Pipe, & sur la circonférence du talon on imprime les armes de la Ville. Les deux pieces ont des repaires *d d d* & *e e e*; & pour qu'elles s'ajustentr éguliérement l'une sur l'autre, les repaires *d d d* ont des chevilles qui entrent dans des trous correspondants faits aux repaires *e e e*. Ces moules sont de différentes grandeurs, & sont gravés plus ou moins profondément, mais toujours leur creux a, vers la tête en *b*, un diametre plus grand qu'en *A*. Celui qui est représenté dans la Figure 9, est le moule d'une Pipe qui doit avoir 28 pouces de longueur; le diametre de la queue en *A* est de deux lignes, & en *b* de 4 lignes; sa tête est longue de deux pouces, & large de 21 lignes. En *c*, il y a un petit enfoncement qui sert à marquer exactement la longueur de la Pipe.

Ce moule se met dans une presse *Fig.* 10 & 11, qui est précisément la même que celle qui est décrite plus haut pour les Pipes de France, excepté que les Ouvriers de Gouda mettent quelques feuilles de carton entre la planche de bois *K* & le côté *H* de la gouttiere, marquées par des points *i*, *Fig.* 10, apparemment parce que faisant ressort, elles ménagent le moule.

Le tuyau de la Pipe étant formé par l'action de la presse, l'Ouvrier y fait aussi la tête; & pour cela il se sert, comme en France, d'un étampeux *Fig.* 12, pareil à celui des Ouvriers de France, environné d'un cuir *S*, retenu par le cercle *A*.

Ensuite il retire le moule de la presse, & il en ôte la Pipe pour lui donner une nouvelle façon avec un instrument qui répond à l'estriqueux des Ouvriers François, & qui est représenté de grandeur naturelle *Fig.* 13. *A*, est un manche de bois, à l'extrémité duquel est un fil de fer recourbé *C*, avec lequel l'Ouvrier ôte les bavures du tuyau de la Pipe; *B*, est une espece de lame de couteau affermie dans le manche, avec laquelle on coupe l'excédent du tuyau, dont la véritable longueur est marquée par le petit enfoncement qu'il y a dans le moule en *c*, *Fig.* 9.

Après cela on arrange les Pipes sur des planches qui ont une rainure de chaque côté, dans laquelle se placent les talons des Pipes, comme cela se voit *Fig.* 15. Les rebords de ces planches s'élévent assez haut pour qu'on puisse mettre plusieurs planches les unes sur les autres, sans que les Pipes en souffrent.

On les laisse ainsi sécher, en observant cependant qu'elles ne deviennent pas trop séches; car il faut qu'elles restent un peu souples.

Tout ce travail se fait par des hommes, qui sont payés par grosses. Celui qui fait les rouleaux a quelque chose de plus que les autres, qui reçoivent depuis 4 jusqu'à six sols de Hollande par grosse. Une grosse contient quatorze douzaines, ou 168 Pipes. Mais le Maître n'en reçoit que 160; il faut qu'il rabatte 8 Pipes par grosse, pour dédommager les Ouvriers de celles qui se cassent sans qu'il y ait de leur faute.

Quand les Pipes, en se séchant, ont pris une certaine consistance, des Ouvrieres les reprennent pour ôter avec un couteau les bavures qui sont encore restées. Pour cela elles commencent par remettre la broche dans le tuyau, afin de pouvoir mieux manier la Pipe qui est encore souple.

Elles ôtent premiérement les bavures de la tête, en coupant les arêtes avec un couteau *C B A D*, *Fig.* 14, *Pl. VIII*, à environ 8 à 10 pouces de longueur, y compris le manche. Près du manche en *B*, il y a une échancrure demi-circulaire, de la grandeur qu'elle est dans la Figure; elle sert pour ôter les bavures du tuyau, & pour cela elle n'est pas tranchante. Sur le dos du couteau en *C*, est une espece de petite scie qui sert à faire la dentelle qui environne la tête de la Pipe. Au bout du manche est un fil de fer recourbé *D*, avec lequel les Ouvrieres ôtent la petite boule de terre qui reste dans la tête, après qu'on a poussé la broche pour faire la communication du tuyau avec la tête.

Quand elles ont coupé les excédents de la tête, elles en arrondissent les bords avec un petit bouton de corne *Fig.* 16. *A* est ce bouton, autour duquel il y a une rainure circulaire *a*, de même diametre que l'ouverture de la tête de la Pipe; cette rainure *a* se voit en *B*, qui représente la coupe perpendiculaire de ce même bouton, que l'on voit de côté en *C*. La rainure sert à arrondir & polir les arêtes de l'ouverture de la Pipe.

Ensuite elles en polissent & arrondissent la tête avec un fil de fer courbe, qui est plat & poli dans l'intérieur de sa courbure. *Voyez Pl. IX*, *Fig.* 18, où cet instrument est représenté dans sa grandeur.

Lorsqu'elles ont ainsi poli la tête, elles tracent autour de son ouverture la dentelle avec le couteau de la *Figure* 14, *Pl. VIII*, & elles ôtent la petite boule de terre qui est restée dans l'intérieur; après quoi elles enlevent les bavures du tuyau, avec l'échancrure *B*, qui est dans le même couteau *Fig.* 14; & ensuite elles le polissent avec l'instrument dont nous allons parler, *Fig.* 19, *Pl. IX*.

Il est encore représenté ici dans sa vraie grandeur. C'est une large lame de fer *A* ou *C*, attachée à un manche de bois *B* ou *D*. Dans la lame, il y a des rainures de différentes grandeurs *a*, *b*, *c*, qui sont bien polies, & qui, par-là, donnent le poli au tuyau autour duquel on les promene. *A B* représente cet instrument vu de côté; *C D* le fait voir de plat.

Quand toute la Pipe est ainsi polie, les Ouvrieres mettent sur le tuyau, à 3 ou 4 pouces de distance du talon, le nom de l'Ouvrier & de la Ville de Gouda. Ces noms sont gravés sur les deux côtés d'un petit morceau de fer quarré *Fig.* 20; & pour les imprimer sur le tuyau de la Pipe, il n'y a qu'à faire rouler ce fer autour du tuyau. On voit ici cet outil de grandeur naturelle *Fig.* 20, *a b*. Ces deux noms sont à quelque distance l'un de l'autre, & l'intervalle qui les sépare est orné d'une dentelle qui se fait avec une espece de scie ou de

lime

lime qui ſe voit en *b*, ſur un troiſieme côté de ce même outil. Après quoi on imprime ſur le talon la marque de la Fabrique avec un poinçon *b*, *Fig.* 21.

Lorſque les Pipes ſont finies à ce point, les Ouvrieres en retirent la broche & les arrangent ſur des planches *A*, *B*, *C*, *D*, *Fig.* 17, *Pl. VIII*, ſemblables à celles dont il a déja été parlé. Là on les laiſſe ſécher juſqu'à ce qu'elles aient perdu toute leur ſoupleſſe & qu'elles ſoient fort dures. En été on les expoſe pour cela au ſoleil, & en hiver on les met dans des chambres échauffées par des poëles; mais il faut éviter qu'elles ſe ſechent trop vîte; car alors elles courent riſque de ſe courber.

Quand elles ſont bien ſeches, d'autres filles les reprennent pour en polir de nouveau les tuyaux & les têtes avec l'inſtrument décrit ci-deſſus *Fig.* 18, *Pl. IX*, & avec un autre outil *Fig.* 22, qui conſiſte en un caillou bien poli & formé en cône, attaché par une virole de cuivre à un manche de bois: la Figure en offre les juſtes dimenſions. Le caillou eſt quelquefois une agathe ou une pierre à fuſil. Les filles qui ſont cet ouvrage gagnent 2 à 3 ſols par groſſe. Il ne reſte plus qu'à les cuire.

De la Cuiſſon des Pipes, & la deſcription des Fours propres à cet uſage.

Le petit four ou fourneau propre à cuire les Pipes, forme à ſon extérieur *Fig.* 18, *Pl. X*, une eſpece de tourelle élevée ſur une baſe de 32 pouces de diametre *Fig.* 19; cette tour a 5 à 6 pieds de hauteur, (je parle préſentement du plus petit four,) les murs qui ont environ 7 pouces d'épaiſſeur, forment intérieurement un octogone tracé ſur un cercle d'environ 17 pouces de diametre intérieur. Le dans-œuvre du fourneau, ou le diametre de ce qu'on nomme la *chambre*, eſt de 14 pouces & demi.

Pour prendre une juſte idée de ce four, il faut faire attention que comme on exige que les Pipes ſoient très-blanches, il ne faut pas qu'en cuiſant elles ſoient expoſées à la moindre fumée. C'eſt pourquoi le ſyſtême général de ces fours eſt qu'il y ait en bas une fournaiſe *B*, *Fig.* 20, *Pl. XI*, où l'on brûle le bois, & au-deſſus ſont les Pipes qui ſont ſoigneuſement renfermées ou dans des gaſſettes ou boiſſeaux exactement fermés, ou dans une capacité bien cloſe. Dans l'un & l'autre cas, les Pipes ne ſont point chauffées immédiatement par le feu; mais la chaleur échauffant ou les parois de la chambre ou les boiſſeaux, elle cuit l'ouvrage qui y eſt renfermé, comme dans un creuſet qui n'a aucune communication avec la fumée.

Ceci bien entendu, on diſtingue dans le four *Fig.* 18, *Pl. X*, dont on voit la coupe verticale *Fig.* 20, *Pl. XI*, & la coupe horiſontale au-deſſous du fourneau *Fig.* 21, même Planche: 1°. Les parois extérieures *A* du four, *Fig.* 20, *Pl. XI*, qu'on nomme le ſurtout. [illegible] Le fourneau *B*, ou la fournaiſe dans laquelle eſt le feu. 3°. La chambre *C*, ou le pot dans lequel les Pipes ſont renfermées.

4°. Le chapiteau *D* du Pot. 5°. Le chapiteau *E* du sur-tout. 6°. Le chandelier ou fuseau *F*, qui sert à soutenir les Pipes dans une position verticale. 7°. Le boisseau *G*, qui sert au même usage.

La chemise ou le sur-tout *A*, qui forme l'extérieur du four, est bâtie sur les proportions que nous venons de donner, & conformément aux plans & profils, avec des tuileaux & un mortier de terre à four.

Le fourneau ou la fournaise *B*, est formé par une voûte de 17 pouces de diametre & 2 pouces d'épaisseur, construite avec du tuileau & de la terre à four; le dessus de cette voûte est élevé de 14 à 15 pouces au-dessus du sol. Elle est fermée en plate-bande, bombée environ de deux pouces, & portée par huit petits piliers, qui ont trois pouces de saillie, deux pouces d'épaisseur, & qui sont construits, comme le reste, avec du mortier de terre & des tuileaux. Tout cela s'apperçoit en *B*, *Fig.* 20, & on met le bois par une porte *H*, *Fig.* 18, *Pl. X.*

Pour que la chaleur du fourneau puisse se communiquer tout au pourtour de la chambre *C*, ou du pot, on fait à la voûte du fourneau, & entre les piliers qui la soutiennent, des ouvertures *I*, *Fig.* 21, *Pl. XI*, de 18 lignes de largeur, sur 5 à 6 pouces de longueur, qui servent à laisser échapper la fumée, & à porter la chaleur entre le pot & le sur-tout; car les Pipes doivent cuire comme dans une espece de tourtiere. Les piliers qui soutiennent la voûte, sont continués jusqu'à la base du chapiteau, mais échancrés pour recevoir les tuileaux qui forment la chambre ou le pot, lesquels sont bien ajointoyés & crépis avec de la terre, pour que la fumée qui passe entre tous les piliers, ne pénetre pas dans la partie du pot où sont les Pipes. Il faut donc imaginer que ce pot *C* est entouré par sept tuyaux de cheminée *I*, qui le chauffent tout au pourtour.

La chambre ou le pot *C* est, comme on le voit à la *Fig.* 20, placée au-dessus du fourneau *B*, & c'est l'endroit où l'on arrange les Pipes pour les faire cuire, ce qu'on nomme *empoter*.

On y arrange les Pipes circulairement autour d'un petit pilier de terre qu'on nomme *chandelier* F, *Fig.* 20. On le place au milieu de la chambre, & il est soutenu par une broche de fer qui le traverse dans sa hauteur ou suivant son axe; au moyen de cette broche, on pourroit mettre plusieurs chandeliers les uns au-dessus des autres pour soutenir une colonne de Pipes plus élevée, comme on le pratique dans les grands fours.

Ces chandeliers ont un pouce de diametre, sur 8 à 9 pouces de hauteur, & leur tête est cannelée pour recevoir le tuyau des Pipes.

Quand on place plusieurs rangs de Pipes autour du chandelier, on met un boisseau pour soutenir le poids des Pipes, qui étant posées les unes sur les autres, tendroient à couler en s'écartant du chandelier, & on met encore des Pipes en dehors du boisseau pour remplir entiérement la chambre.

Ce que nous appellons ici *boisseau*, est un pot de terre qui n'a point de fond.

Il a dix à douze pouces de diametre, ſur huit à neuf pouces de hauteur, l'épaiſſeur de la terre eſt de ſix à ſept lignes. On verra dans la ſuite que dans les grands fours on en met pluſieurs les uns ſur les autres.

On arrange les Pipes dans le pot circulairement autour du fuſeau, comme on l'a déja dit, la tête en en-bas, ainſi qu'on le voit dans la *Fig.* 20; mais quand il y en a cinq à ſix rangs de placés les uns ſur les autres, on met par-deſſus trois ou quatre autres rangs de Pipes la tête en haut, & on obſerve cette alternative de poſition pour qu'il en tienne davantage dans le pot. La chambre ou le pot étant ainſi rempli de Pipes, on forme ſon chapiteau ſur douze à quinze pouces de hauteur, avec des feuilles de gros papier qui ſont recouvertes d'une couche de terre de quatre à ſix lignes d'épaiſſeur, ce qu'on appelle *dorure*.

Ces dorures ſe font avec de la terre à Pipe en poudre, qu'on imbibe d'une ſuffiſante quantité d'eau, pour que l'Ouvrier puiſſe l'appliquer & l'étendre avec la main ſur les feuilles de papier qu'il poſe ſur un rang de Pipes déja cuites, mais de rebut, qui portent d'un bout ſur la colonne de Pipes à cuire, & de l'autre ſur les pans de l'octogone qui forme la chambre. Ainſi ces Pipes cuites ſont comme une eſpece de charpente qui ſoutient les papiers dorés.

On forme enſuite le chapiteau du ſur-tout, à dix-huit lignes de diſtance de celui du pot, on le fait avec des tuiles gironnées qu'on joint avec de la terre, & on termine cette eſpece de dôme par un pot *K*, *Fig.* 18, *Pl. X.* & 20, *Pl. XI*, qui eſt percé au milieu pour laiſſer échapper la fumée.

Le four eſt chauffé avec du bois blanc, qui fait une chaleur très-vive & peu de fumée lorſqu'il eſt bien ſec. Dans ces petits fours, ſix ou ſept heures ſuffiſent pour cuire les Pipes. Il en faut quatorze ou quinze pour les cuire dans les grands fours.

Quand les Pipes ſont cuites, & qu'on veut vuider le four, ou, comme l'on dit, *dépoter*, on démolit les deux chapiteaux qu'il faut refaire toutes les fois qu'on cuit de nouvelles Pipes, alors le four paroît comme une tour ronde de quatre pieds de hauteur, & qui n'a point de couverture; à la place des chapiteaux, on met ſur le four une planche ou une large tuile pour entretenir la chaleur, & que les Pipes ſe refroidiſſent peu-à-peu. On verra dans un inſtant qu'on ne démolit point le chapiteau des grands fours. Les petits fours dont nous venons de parler, peuvent contenir dix-neuf à vingt groſſes de Pipes. Ce ſont ceux dont on ſe ſert à Rouen, & dont M. Dubois a bien voulu me donner les plans.

Des grands Fours pour cuire les Pipes.

MAINTENANT qu'on a pris une idée aſſez exacte de la conſtruction des petits fours, il nous ſera aiſé d'expliquer clairement la conſtruction des grands fours, dont le ſervice eſt plus facile, & qui mettent en état de beaucoup économiſer le bois.

Ces fours ſont quarrés, aſſez ſemblables aux fours où l'on cuit les tuiles & les briques. La Figure 22, *Pl. X*, en repréſente la fondation. *I I*, L'épaiſſeur des murs au niveau du terrein. *A*, L'emplacement du fourneau, ou de l'endroit où l'on fait le feu. *B*, La bouche du fourneau, ou l'endroit par où l'on met le bois.

La Figure 23, *Pl. XI*, eſt l'élévation extérieure de ce four. *K K*, Retraite qu'on fait pour diminuer l'épaiſſeur de la maçonnerie, quand elle eſt élevée au deſſus de la voûte du fourneau. *L L*, eſt le chapeau du fourneau. *C*, eſt une porte qui ſert à mettre les Pipes dans les boiſſeaux qui ſont de terre rouge. Quand les boiſſeaux ſont pleins, on ferme exactement cette porte avec une maçonnerie de brique & d'argille. *B*, eſt la bouche du four qui fait ſaillie ſur le vif du mur, comme on le voit au plan *Fig.* 22, *Pl. X*.

La Figure 24 eſt une coupe horiſontale du four au niveau de la ligne *K K*, *Fig.* 23, *Pl. XI*, ou au-deſſus de la voûte de la fournaiſe. *K K*, La retraite de l'épaiſſeur de la maçonnerie. *I I*, L'épaiſſeur de la maçonnerie depuis les fondations juſqu'au-deſſus de la voûte de la fournaiſe. *B*, Bouche du fourneau. *E E*, Des ouvertures qui ſont à la voûte de la fournaiſe, par leſquelles la fumée, la flamme, & la chaleur du bois qui brûle dans la fournaiſe, ſe communiquent dans toute la capacité du four. *D D*, Endroits où l'on place les boiſſeaux, comme nous allons l'expliquer.

La Figure 25, *Pl. XI*, eſt une coupe verticale de ce même four par la ligne *ab*, *Fig.* 24. *Pl. X*. *F*, L'intérieur du fourneau ou de la fournaiſe où l'on met le feu. *KK*, La retraite de la maçonnerie. *E E*, Les ouvertures qui ſont à la voûte du fourneau pour communiquer la chaleur dans l'intérieur du four. *LL*, Le chapiteau, ou la couverture du four qui eſt voûté. *H H*, Les évents, ou les ouvertures qui ſont à cette voûte d'en-haut pour laiſſer le paſſage à la fumée, & établir un courant d'air dans la capacité du four.

On conçoit par ce que nous venons de dire, que la fumée ſe répand dans toute la capacité du four. Cependant il eſt de la plus grande importance que les Pipes que l'on cuit, ſoient entiérement à couvert des impreſſions de cette fumée.

Ces grands fours n'ont point de chambre ou de pot dans lequel on renferme les Pipes à couvert de la fumée; mais on y ſupplée en renfermant les Pipes dans des colonnes de boiſſeaux formés de terre cuite, tels que *G*, *Fig.* 25. On commence par mettre ſur la voûte du fourneau, aux places indiquées par *D*, *Fig.* 24, un boiſſeau tel que *G*, *Fig.* 25. On poſe au milieu un chandelier, on remplit ce boiſſeau de Pipes, & à meſure que la pyramide de Pipes s'éleve, on ajoute un chandelier qui eſt enfilé par une broche de fer. Quand la pyramide ſurmonte le boiſſeau, comme on le voit en *G* 1, on met un ſecond boiſſeau, qu'on lute bien avec le premier. Quand on a rempli de Pipes ce ſecond boiſſeau, on en ajoute un troiſieme, & la colonne eſt finie, comme on le voit en *G* 2. Il ne reſte plus qu'à former ſur la pyramide de Pipes *N*, avec des

des tuiles creuſes & gironées, le chapiteau *M*. On couvre d'un bon lut toutes les colonnes; & quand les neuf colonnes *D*, *Fig.* 24, ſont chargées, comme on le voit *Fig.* 25, on maçonne la porte *C*, *Fig.* 23, & on allume le feu qu'on fait d'abord fort doux, & qu'on augmente peu-à-peu, ce qui dure de quatorze à ſeize heures. Alors on laiſſe éteindre le feu, puis on ouvre la porte *C*, mais on ne vuide les boiſſeaux que quand ils ſont preſque froids, & lorſqu'il n'y a plus aucune fumée dans le four.

L'avantage de ces grands fours eſt, 1°. d'être très-ſolides & de durer long-temps, ſans exiger beaucoup de réparations.

2°. De ce qu'on eſt diſpenſé de refaire à chaque fournée le chapiteau du fourneau.

3°. De contenir une grande quantité de Pipes qui ſe cuiſent toutes à la fois.

4°. Comme la chaleur prend les boiſſeaux tout autour, le feu eſt employé bien plus utilement.

Les belles Pipes doivent être droites, d'une terre bien blanche, fines, luſtrées; la tête doit avoir une forme réguliere : il faut, avant de les acheter, examiner ſi l'air paſſe bien du fourneau dans toute la longueur du tuyau : elles doivent être bien cuites & ſonores. On en fait d'une longueur extraordinaire, mais communément la longueur du tuyau eſt comme on le voit aux Planches I, II, III & IV.

Les fours de Hollande ſont un peu différents de ceux dont je viens de parler, ainſi je vais en donner la deſcription d'après ce que m'a écrit M. Allamand.

Quand les Pipes ſont bien finies, comme nous l'avons expliqué, & qu'elles ſont bien ſeches, il faut les cuire. Pour cela on les met dans des pots ſemblables à celui qui eſt repréſenté en *B C D E*, *Fig.* 23, *Pl. IX*. *A B C* en repréſente le couvercle. Ces pots ont une figure un peu conique; leur ouverture *B C* a un pied de diametre, & le bas en *D E* a 9 pouces; leur hauteur perpendiculaire de *B* en *D* eſt de deux pieds; leur épaiſſeur eſt partout de deux pouces. Ils ſont poſés ſur trois pieds, qui empêchent le fond de toucher ſur le ſol ſur lequel ils repoſent; leur couvercle a, comme leur embouchure, un pied de largeur de *B* en *C*, & forme un cône dont la hauteur eſt d'un pied & demi.

Ces pots ſe font à Gouda, d'une terre graſſe qu'on tire de la Friſe; s'ils ſont bien entiers, ce qu'on connoît par le ſon qu'ils rendent quand on les frappe, ils coûtent 8 ſols la piece : ils n'en valent quelquefois que 7, & même moins.

On voit, *Fig.* 24 *Pl. IX*, la coupe d'un de ces pots avec ſon chandelier *A B*, qui eſt repréſenté plus en grand en *A D*, *Fig.* 25.

Ce chandelier eſt un tube d'argille cuite, cylindrique, dont le diametre a par-tout 2 ou 3 pouces, excepté vers ſon extrémité inférieure *D*, où il s'élargit un peu pour lui donner un peu plus d'aſſiette, ce qui lui donne la figure d'une trompette, & on le nomme ainſi. La hauteur de *A* en *B*, eſt de deux pieds : il eſt cannelé, pour que les Pipes qu'on appuie contre ne gliſſent pas.

Il eſt percé en *C C C* de trous. Nous parlerons dans la ſuite de leur uſage.

On place ce chandelier au milieu du pot *B D E C*, *Fig.* 24; on arrange les Pipes autour la tête en en-bas, juſqu'à ce qu'elles excedent d'un pied la hauteur du pot; alors on verſe par l'ouverture *A* du chandelier, de la terre à Pipe cuite, réduite en poudre, & paſſée dans un tamis fin, de crainte que de trop gros grains ne paſſaſſent par les trous du chandelier. Cette eſpece de ſable ſe répandant ainſi dans les cavités que les Pipes peuvent laiſſer entre elles, & rempliſſant exactement tout le pot, leur ſert de ſoutien, & les empêche de ſe courber durant la cuiſſon.

Quand les pots ſont ainſi préparés, on les couvre de leur couvercle *A B C*, *Fig.* 23, & l'on en bouche ou lute ſoigneuſement la jointure avec de l'argille, pour empêcher la fumée d'y entrer. On les enduit auſſi par-tout en dehors de la même argille avant que de les mettre au four; & ſi on obſerve cette précaution à chaque cuiſſon, le même pot pourra ſervir quatre ou cinq fois.

Il ſe fabrique en Hollande une ſi grande quantité de Pipes, que l'on n'y trouveroit pas ſon compte ſi l'on employoit ces petits fours, qui ſont en uſage à Rouen, & qui ont été décrits ci-deſſus. Les Hollandois, au moins les habitants de Gouda, ne ſe ſervent que de grands fours, un peu différents des grands fours de France: je vais les décrire auſſi exactement qu'il me ſera poſſible.

Ces fours ſont tous bâtis ſur le même modele dans Gouda; ainſi pour en faire connoître la conſtruction, il ſuffit d'en décrire un ſeul: on en a choiſi un de la Fabrique du Moulinet, qui eſt la plus conſidérable.

Ce four, dont on voit ici l'élévation, *Fig.* 30, *Pl. IX*, eſt rond; ſon diametre extérieur *CD*, eſt de 16 pieds. Il eſt bâti de briques faites avec une terre graſſe qu'on tire des bords de l'Yſſel, riviere qui paſſe par Gouda; & au lieu de chaux, on ſe ſert de cette même terre pour les joindre enſemble & les maçonner. Ces fours ainſi maçonnés durent pluſieurs années; il y en a un dans la Fabrique du Moulinet, qui ſert depuis ſept ans.

La Figure 31 repréſente la coupe de ce four, & il ſera aiſé de connoître l'épaiſſeur de la maçonnerie, tant du bas que de ſes différentes retraites, la longueur de la ligne *D C*, *Fig.* 30, étant de 16 pieds.

Il eſt couvert par une voûte en plein-cintre, au milieu de laquelle eſt un trou *F*, *Figures* 30 & 31, rond, de deux pieds de diametre; c'eſt par ce trou que ſort la fumée. Il y a encore ſix autres trous ou évents quarrés de 6 pouces, *d*, *d*, *d*, *d*, qui ſervent pour faire jouer la flamme juſqu'au haut, & outre cela un ſeptieme trou encore plus grand *O*, *Fig.* 31, qui s'ouvre & ſe ferme à volonté par une porte de fer. Ce trou eſt deſtiné à rendre la flamme plus ou moins vive. Les ſix autres trous ſont toujours ouverts.

La voûte a par-tout un pied d'épaiſſeur; ſa plus grande élévation de *O* en *F*, *Fig.* 30, eſt de treize pieds & demi. Pour donner plus de fermeté à toute cette maçonnerie, le four eſt environné de deux cercles de fer *b*, *b*, *Fig.* 30 & 31.

Le four n'a qu'une ſeule ouverture *A*, *Fig.* 30, haute de 5 pieds, & large de trois; c'eſt par-là qu'on entre pour placer les pots *p*, *p*, *p*, comme on le voit *Fig.* 31.

Pour bien entendre cette opération, & la maniere dont le feu agit dans ce four, il faut jetter les yeux ſur les Figures 32 & 33. La premiere repréſente une ſection horiſontale du four, faite par la ligne ponctuée *e*, *e*, *Fig.* 30; la Figure 33 eſt la coupe de ce même four par la ligne ponctuée *z z*, de la Figure 31.

L'endroit où ſe placent les pots, eſt l'eſpace circulaire *D E F G*, *Fig.* 33, ſéparé des murailles du four par un canal auſſi circulaire *dy gy*, *Fig.* 31, & par *R P Q*, *Fig.* 33. Au milieu de ce même eſpace eſt un trou *a b c e*, *Fig.* 33, long de 5 pieds, & large de deux.

Le diametre de cet eſpace circulaire eſt de huit pieds & demi, le canal qui l'environne a un pied & demi de largeur.

Ce canal a communication avec deux autres conduits *a c*, *b d*, *Fig.* 32, ménagés ſous l'eſpace circulaire où ſe mettent les pots; & ceux-ci, dans l'endroit où ils ſe croiſent, ſe confondent avec le trou *a b c e*, *Fig.* 33, qui n'eſt proprement que la partie *i k*, *Fig.* 32, du conduit *bd*, reſtée à découvert. Le cercle ponctué qu'on voit dans ce trou en *H*, *Fig.* 33, eſt l'eſpace qui répond au trou du milieu de la voûte par où ſort la fumée; & les points *d*, *d*, *d*, *d*, *d*, *d*, indiquent l'emplacement des ſix trous ou évents qu'on ménage dans le corps du four, marqués par les mêmes lettres dans les *Figures* 30 & 31.

Le canal circulaire a trois ouvertures *B*, *B*, *B*, *Fig.* 30 & 32, par où on allume le feu, comme nous allons l'expliquer. Il eſt, de même que le trou *a b c e*, *Fig.* 33 & 31, recouvert de tuiles courbes *x x*, mais qui laiſſent entre elles des intervalles *n*, *n*, par leſquels la flamme peut paſſer. Ces tuiles ſe placent avant qu'on mette les pots dans le four. Ces pots *p*, *p*, *p*, *p*, *Fig.* 31, ſont arrangés comme la Figure l'indique; on en remplit d'abord tout le plan du fourneau, y compris les endroits recouverts de tuiles; enſuite on les met les uns ſur les autres, juſqu'à ce que le four ſoit plein. Après cela on ferme la porte *A*, *Figures* 30 & 33, avec des briques & de l'argile; & pour que cette porte reſte bien bouchée, on en affermit la maçonnerie par des barres de fer qu'on aſſujétit par des gonds *nn*, *Fig.* 30.

Le four étant ainſi rempli & fermé, il faut le chauffer. Pour cela on met des tourbes dans les conduits *a c*, *b d*, *Fig.* 32, auſſi bien que dans le canal circulaire avec lequel ils communiquent: les ouvertures *B*, *B*, *B*, ſervent à cette opération. On allume ces tourbes, & on entretient le feu pendant 50 ou 60 heures; mais il faut avoir ſoin que dans le commencement le four s'échauffe lentement, augmentant peu-à-peu ſa chaleur, juſqu'à ce qu'enfin il devienne tout rouge. Quand on voit le four dans cet état, ſur-tout à la porte nouvellement maçonnée, il ſemble être tranſparent. On entretient ce haut degré de chaleur, jusqu'à ce qu on juge que les Pipes soient suffisamment cuites. Alors on laisse éteindre le feu & refroidir le four.

On conçoit aisément par sa construction, que la flamme doit avoir pénétré par-tout dans son intérieur, au moyen des ouvertures que laissent entr'elles les tuiles dont sont couverts les canaux du fond; la fumée y pénetre aussi, mais elle ne parvient pas jusqu'aux Pipes, qui sont enfermées dans leurs pots.

Il faut observer que le bois n'est point propre à chauffer ces fours; il les chauffe trop subitement, & les Pipes se brisent. Toutes les tourbes mêmes ne s'emploient pas pour cet usage. On préfere à Gouda les tourbes de Frise à celles de Hollande, parce qu'elles prennent feu moins vîte.

Après que le four est refroidi, on ouvre la porte & on en ôte les pots. Les Pipes qu'ils renferment n'ont cependant pas encore cet émail ou ce brillant qui en fait la beauté, & que les Pipes de Hollande ont par dessus toutes les autres.

A l'égard des Pipes communes, pour qu'elles ne s'attachent pas aux levres, quand elles sont presque refroidies, on les tire du pot & on les trempe dans une espece de lait qu'on fait avec une terre fine détrempée dans beaucoup d'eau. Cette terre qu'on ne fait pas cuire & qu'on laisse se sécher d'elle-même, augmente leur blancheur, & forme une espece de vernis, quand on les polit avec un morceau d'étoffe un peu rude; mais il y a un plus beau vernis que celui-là, dont M. Rigault m'a écrit que les Fabricants faisoient un secret.

Dans les différentes recherches qu'il s'est donné la peine de faire à cette occasion, les Manufacturiers, au lieu de lui dire comment ils faisoient leur vernis, cherchoient à le dérouter, en l'assurant qu'il étoit composé d'une décoction de noix de galle, dans laquelle on mettoit un peu de blanc de craie. M. Rigault feignit de le croire; mais ayant pris un peu de leur vernis, il reconnut qu'il étoit composé d'un peu de savon, de cire, de gomme & d'eau : partant de-là, voici comme il lui a paru qu'on pouvoit faire ce vernis. Un quarteron de savon noir ou blanc, deux onces de cire blanche, une once de gomme arabique; on fait bouillir ensemble le tout, pendant trois ou quatre minutes, dans quatre pintes d'eau, mesure de Paris, ayant soin, tandis que l'eau se refroidit, d'agiter le mélange avec quelques brins de balai, afin que la cire, qui ne se dissout pas dans ce mélange, soit divisée en parties si fines, qu'elle ne se rassemble pas à la surface de l'eau; mais la colle de parchemin lui a paru mériter la préférence sur la gomme arabique.

M. Rigault a encore remarqué, en faisant ses expériences, que les Pipes imbibées d'huile, d'eau de savon, ou de quelque mucilage tiré soit des végétaux, soit des animaux, ne se colloient plus à la bouche, mais qu'elles n'étoient pas aussi brillantes que lorsqu'on y joint de la cire.

Voici ce que M. Allamand m'a écrit à ce sujet :

Pour

Pour donner aux Pipes cet émail ou ce vernis, on les trempe à froid dans une eau préparée; & ensuite on les frotte avec un morceau de flanelle. Je n'ose pas assurer que je connoisse la composition de l'eau dont on se sert pour cela; les Maîtres Fabricants en font un secret. Un d'entr'eux m'a dit qu'elle se préparoit de la maniere suivante. On jette dans de l'eau bouillante une certaine quantité de savon d'Espagne & de cire blanche; on laisse cuire ce mélange pendant une demi-heure, & quand il est refroidi on le verse dans une cuve, pour s'en servir à froid, comme je viens de le dire.

Quand les Pipes ont ainsi acquis toute leur perfection, on les vend par grosses, qui n'en contiennent que 12 douzaines, & qui different par conséquent de celles qui sont en usage parmi les Ouvriers qui les fabriquent.

Quand les Pipes sont bien droites, d'un bel émail, & de 18 pouces de longueur, ce qui est leur longueur la plus commune, elles se vendent environ deux florins ou quarante sols de Hollande; si elles ont 28 ou 30 pouces de longueur, elles se vendent quatre florins. Il faut remarquer qu'à chaque grosse on ajoute une Pipe dont le tuyau & la tête sont chargés d'ornements en relief; les Hollandois la nomment la *Pipe du nouveau Marié*: on comprend que ces Pipes se font dans des moules particuliers, où l'on voit en creux ce qui est relevé sur la Pipe.

La grande consommation qui se fait de Pipes en Hollande, engagent ceux qui vont à l'économie, de faire brûler leurs Pipes après qu'ils s'en sont servis, pour les blanchir. On met les Pipes sales sur des grilles, au-dessous desquelles il y a un feu de charbons non-fumants; on les laisse sur ce feu jusqu'à ce qu'elles deviennent rouges par-tout: par-là les Pipes reprennent en quelque façon leur premiere blancheur, & peuvent servir de nouveau; mais par-là aussi elles deviennent plus cassantes, & perdent leur vernis, ce qui fait qu'elles s'attachent aux levres. On n'ose pas présenter ces Pipes brûlées à ceux qui sont un peu délicats dans le choix des Pipes & du tabac. Cependant il y a dans presque toutes les Villes de la Hollande, des gens qui gagnent leur vie à brûler ainsi les Pipes.

Quelquefois le tuyau de la Pipe se remplit des fuliginosités du tabac, qui les obstruent par l'opération de les brûler. On consomme cette suie qui se réduit en cendre, qu'on emporte aisément avec un fil de fer.

Quand on achette des Pipes, il faut toujours éprouver si l'air passe du fourneau ou de la tête, dans le tuyau ou la queue.

Fin de l'Art de faire les Pipes.

EXTRAIT DES REGISTRES

DE L'ACADÉMIE ROYALE DES SCIENCES.

Du 6 Juillet 1771.

MOnſieur BAILLY qui avoit été nommé pour examiner la Deſcription de l'*Art de faire les Pipes à fumer le Tabac*, par M. DUHAMEL, en ayant fait ſon rapport, l'Académie a jugé cet Ouvrage digne de l'impreſſion; en foi de quoi j'ai ſigné le préſent Certificat. A Paris le 6 Juillet 1771.

GRANDJEAN DE FOUCHY,

Secrétaire perpétuel de l'Académie Royale des Sciences.

DE L'IMPRIMERIE DE L. F. DELATOUR. 1771.

Fig. 1

Fig. 2.

Fig. 3.

Fig. 4.

Fig. 5.

Fig. 6.

Fig. 7.

Fig. 8.

Fig. 9.

de la Gardette del. et Sculp.

Pipes Pl. II.

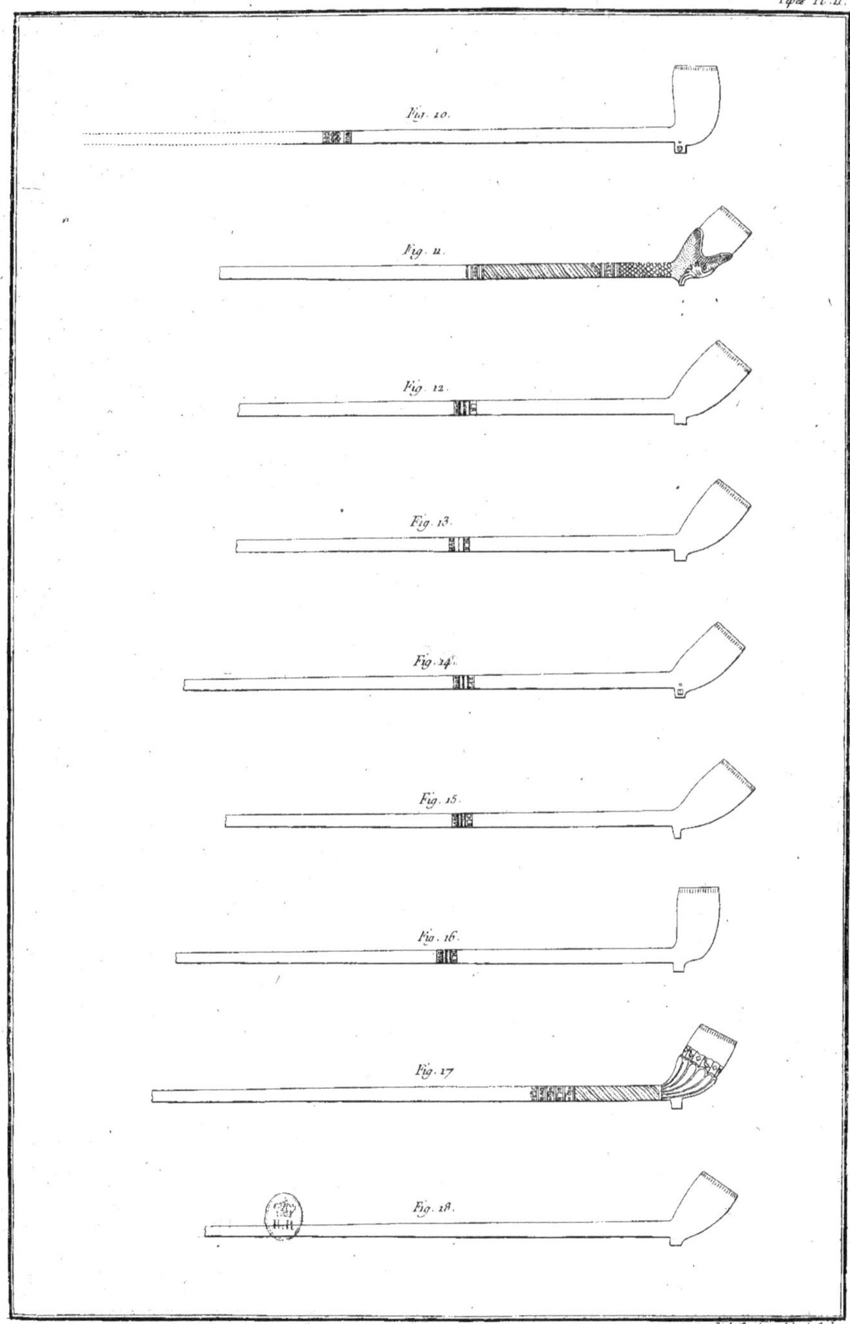

de la Gardette del. et Sculp.

Fig. 19.

Fig. 20.

Fig. 21.

Fig. 22.

Fig. 23

Fig. 24.

Fig. 25.

Fig. 26.

Fig. 27.

de la Gardette del. et Sculp.

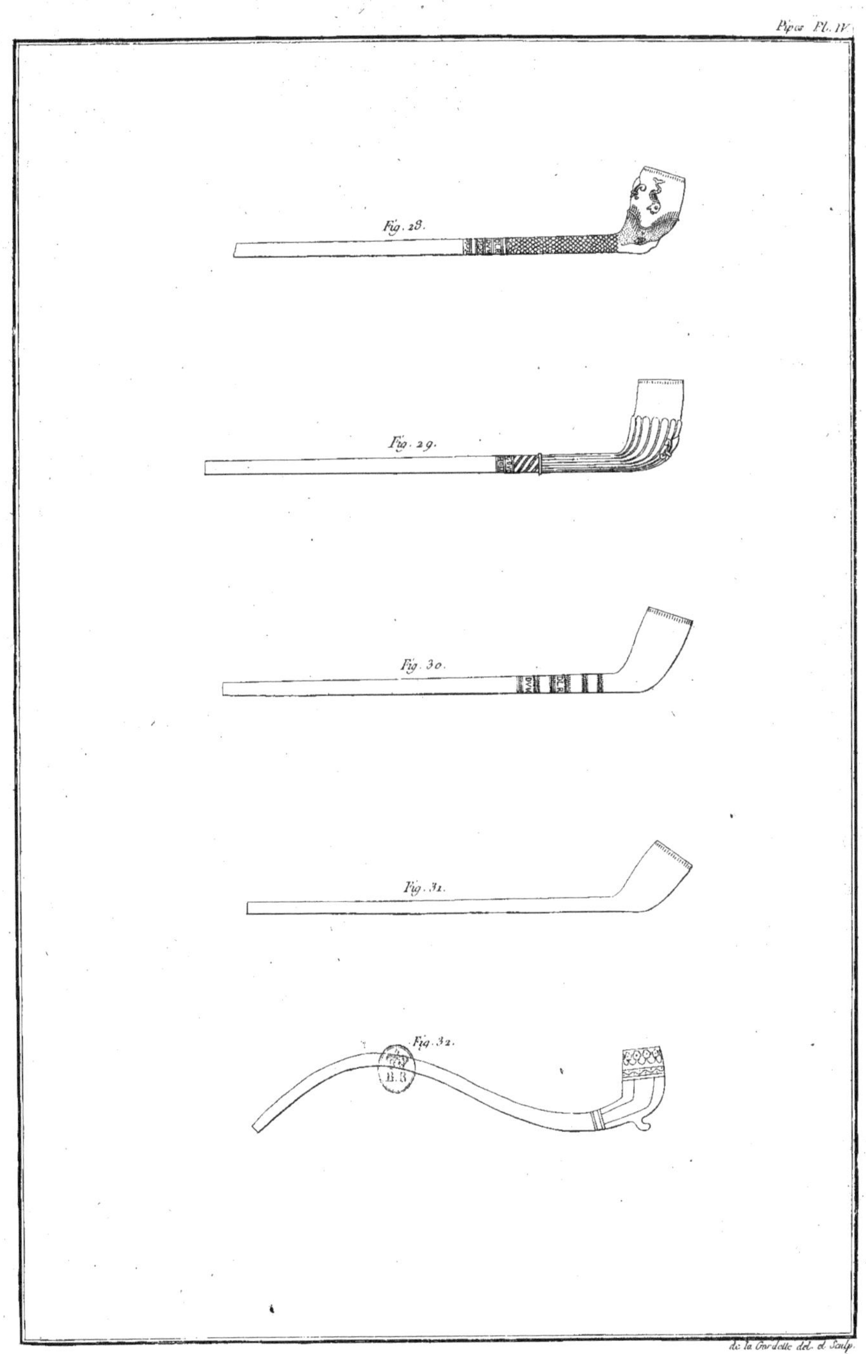

de la Gardette del. et Sculp.

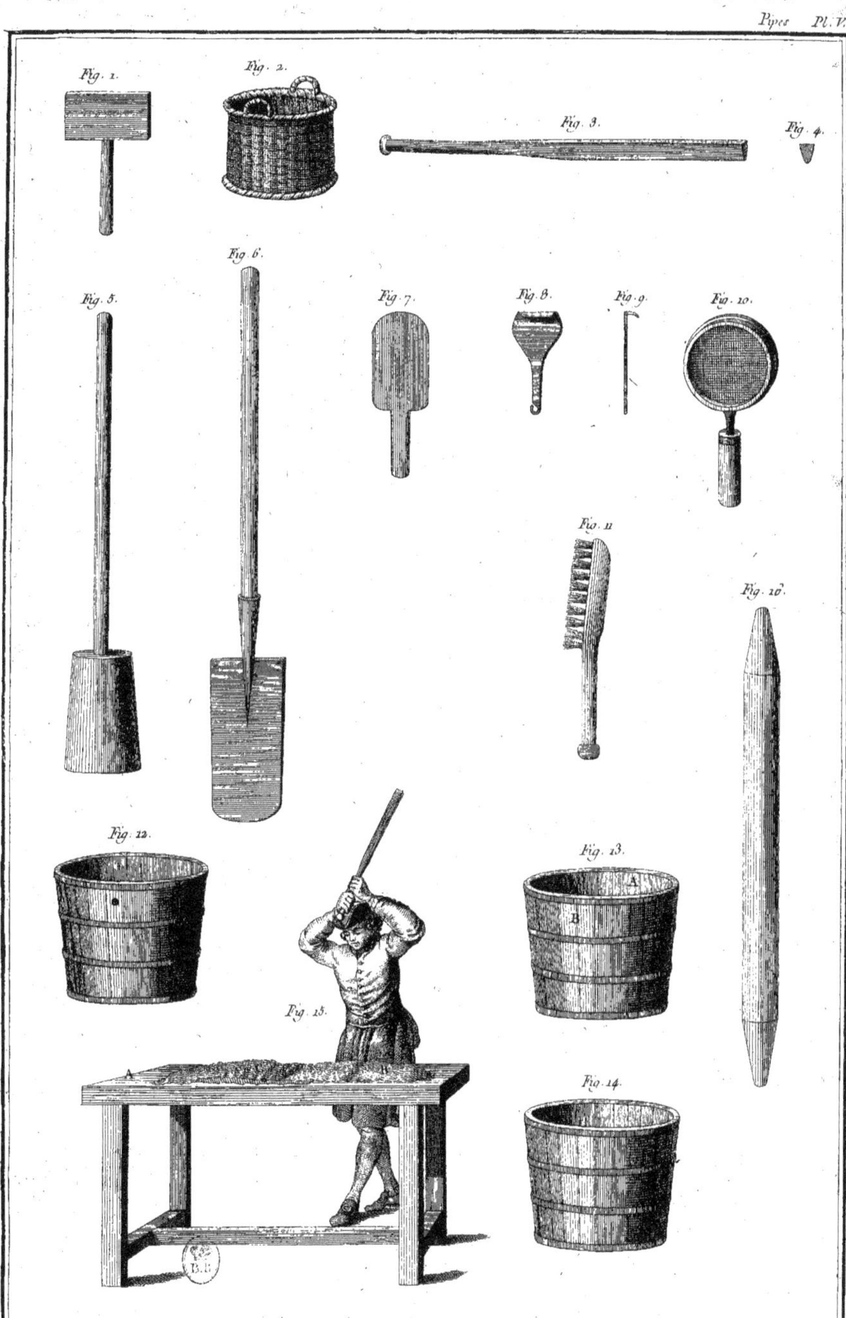

de la Gardette deli. et Sculp.

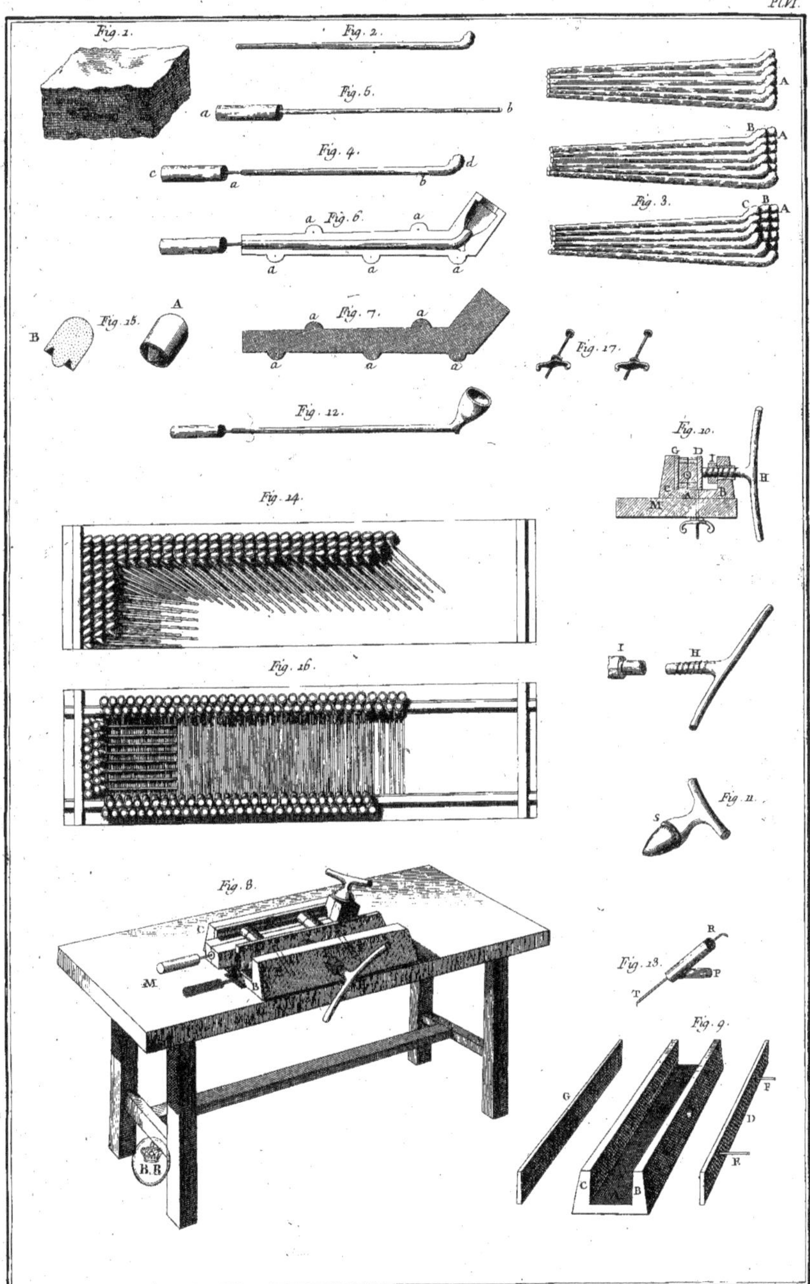
Pl.VI.
Fig. 1.
Fig. 2.
Fig. 5.
Fig. 4.
Fig. 6.
Fig. 3.
Fig. 15.
Fig. 7.
Fig. 17.
Fig. 12.
Fig. 10.
Fig. 14.
Fig. 16.
Fig. 11.
Fig. 8.
Fig. 13.
Fig. 9.

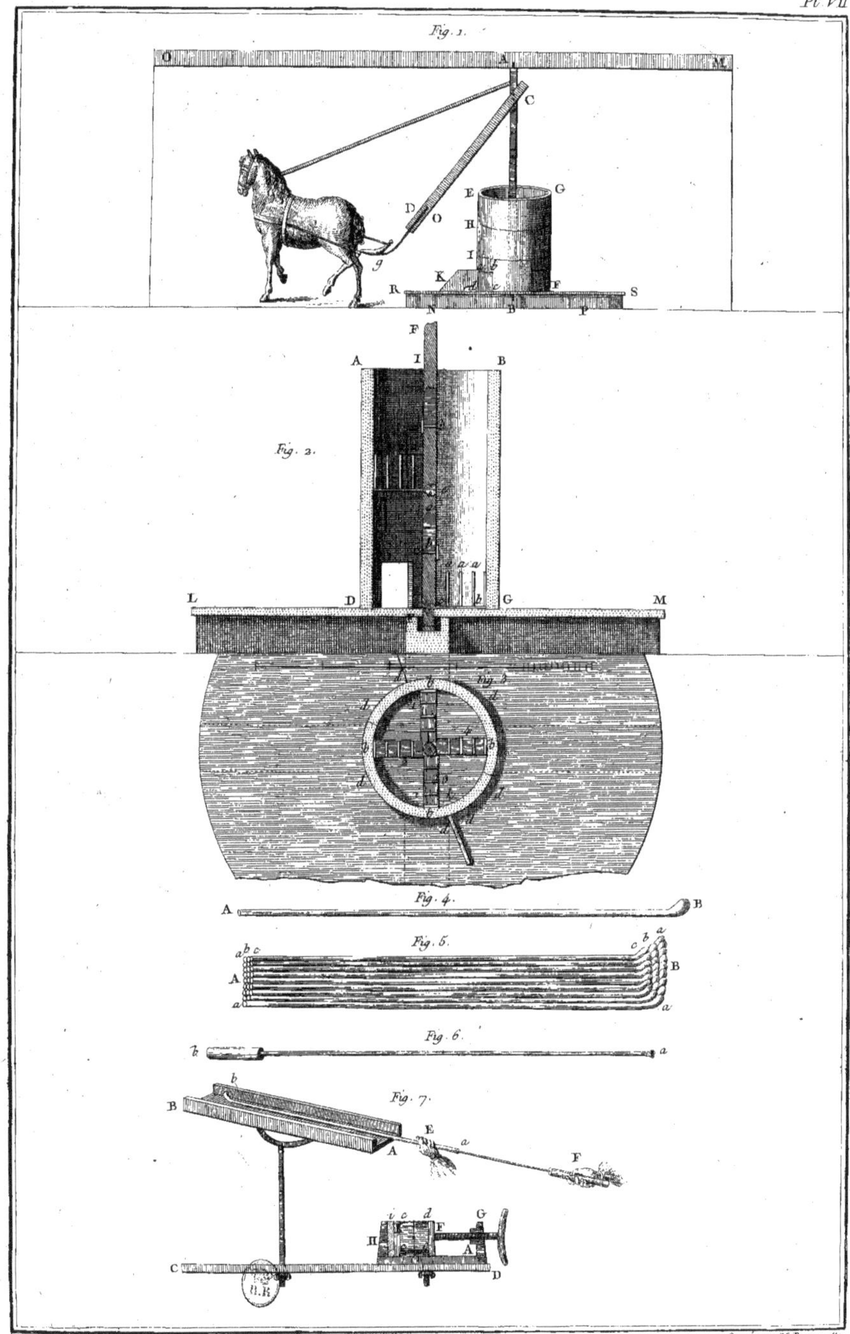

Gravé par N. Ransonnette.

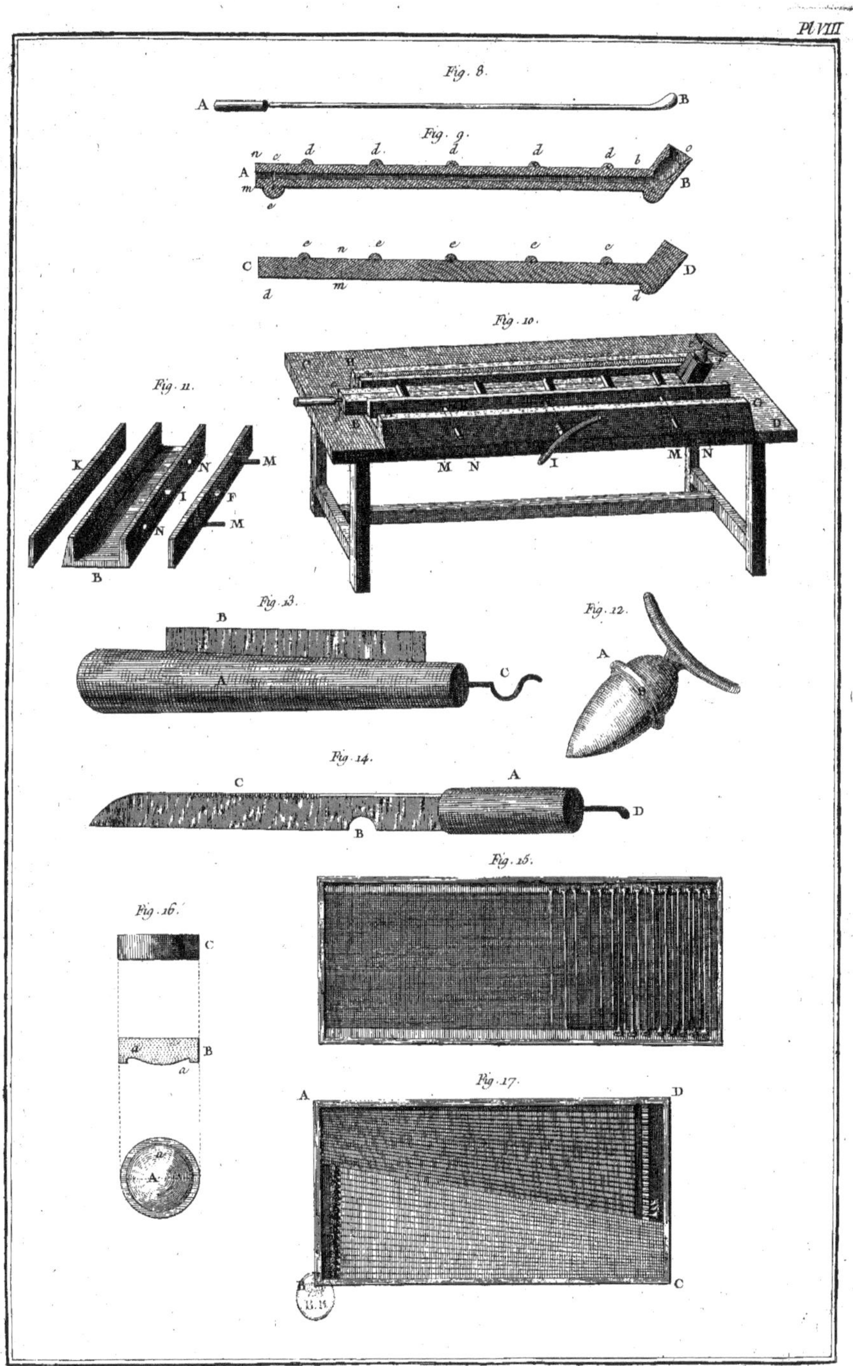

Gravé par N. Ransonnette

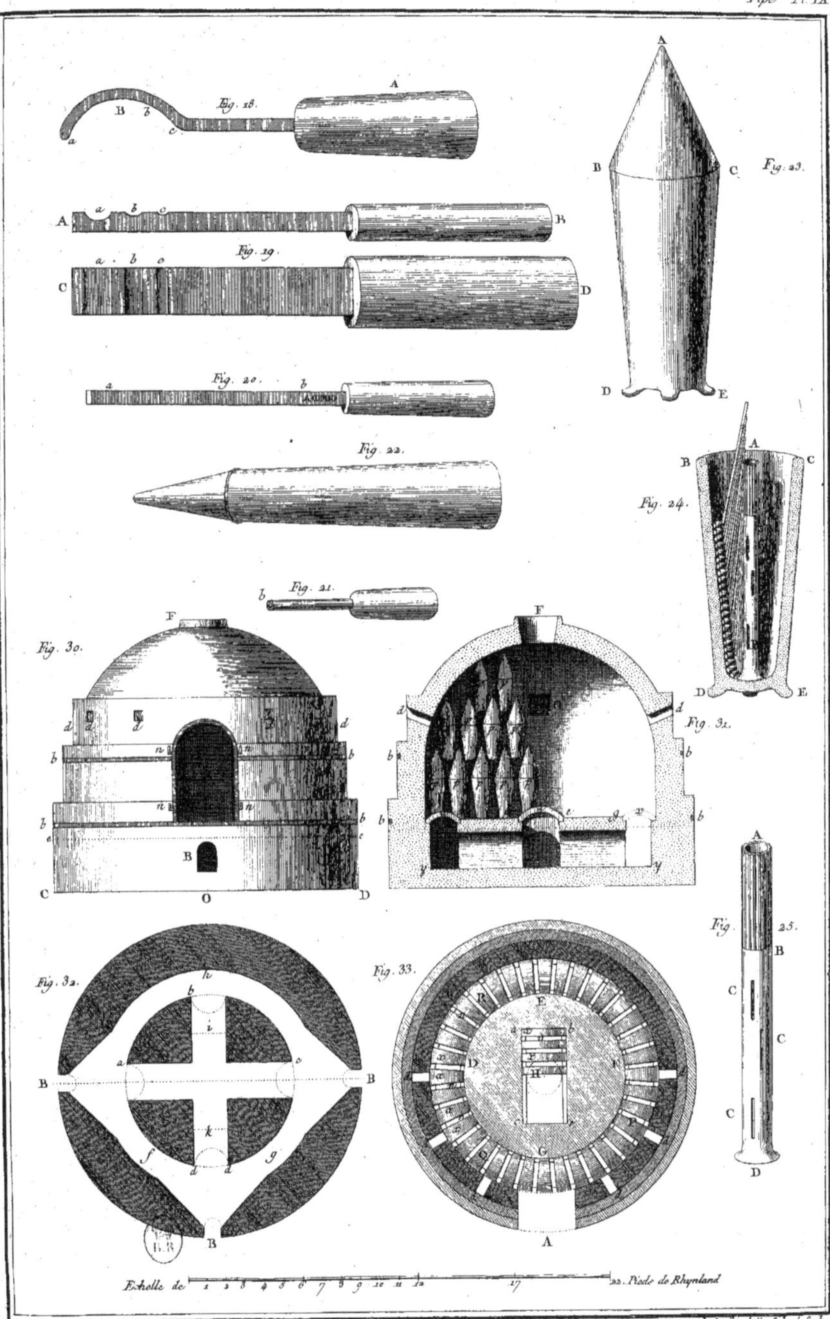

de la Gardette del. et Sculp.

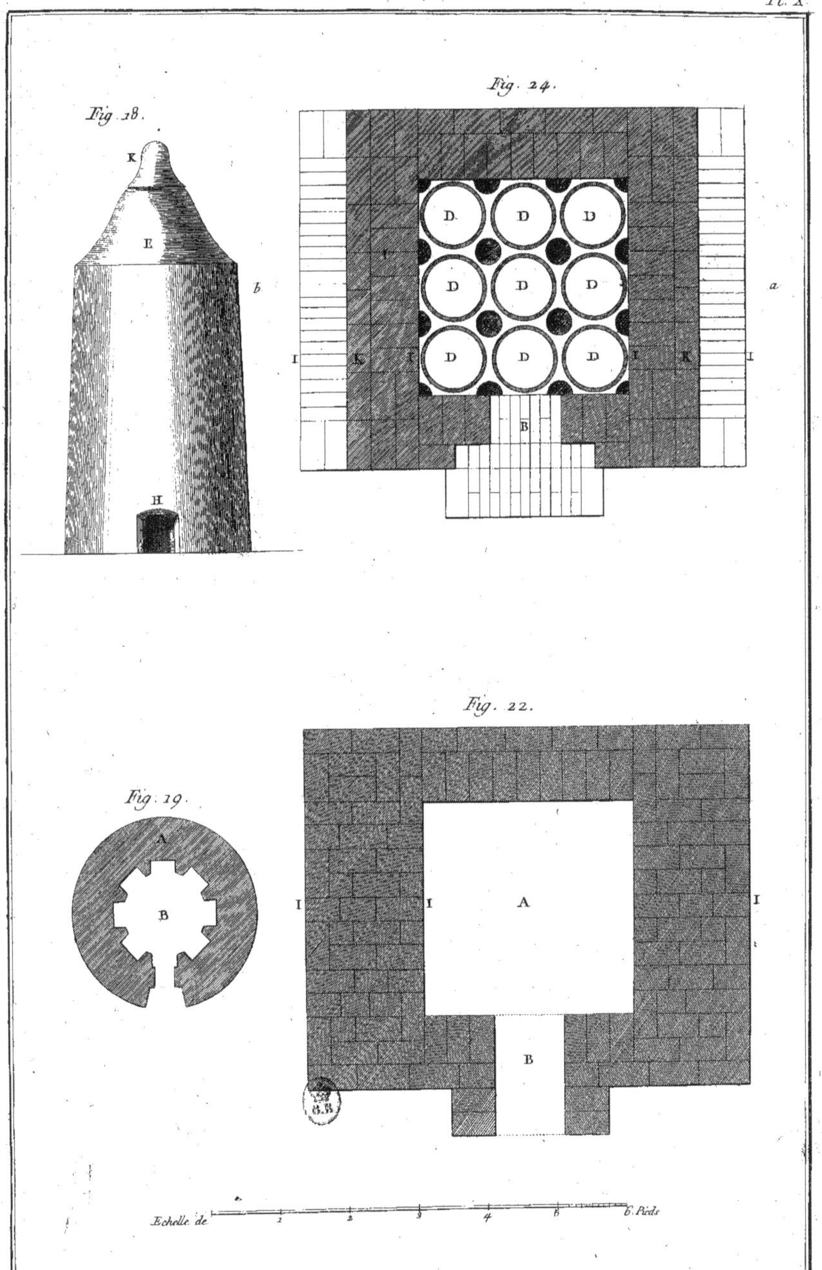
Fig. 18.
K
E
b
H
Fig. 24.
D D D
D D D
D D D
a
I K I I K I
B
Fig. 19.
A
B
Fig. 22.
I I A I
B
Echelle de 1 2 3 4 5 6 Pieds

Fig. 20.

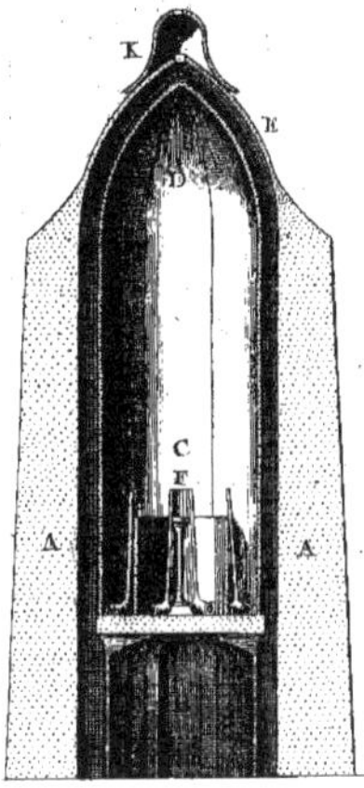

K E D C F A A

Fig. 15.

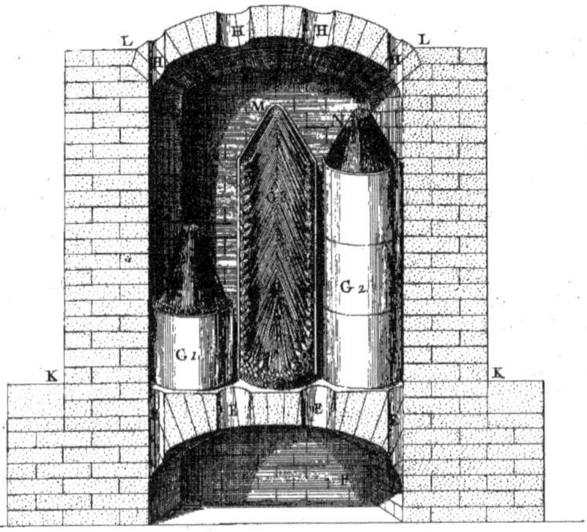

L H H L H H M N G G2 G1 K K E E F

Fig. 21.

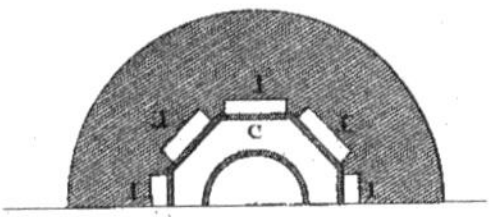

I I C I I I I

Fig. 23.

L L K K

Echelle de 1 2 3 4 5 Pieds

www.ingramcontent.com/pod-product-compliance
Ingram Content Group UK Ltd.
Pitfield, Milton Keynes, MK11 3LW, UK
UKHW012105240726
13965UKWH00004B/1565